MANUEL D'ÉPICTÈTE

TEXTE GREC
ET TRADUCTION FRANÇAISE EN REGARD

ÉDITION PRÉCÉDÉE D'UNE INTRODUCTION ET D'UNE ANALYSE
ET ACCOMPAGNÉE D'APPRÉCIATIONS PHILOSOPHIQUES

Par Henri JOLY
DOYEN HONORAIRE DE LA FACULTÉ DES LETTRES DE DIJON

PARIS
IMPRIMERIE ET LIBRAIRIE CLASSIQUES
DELALAIN FRÈRES
115, BOULEVARD SAINT-GERMAIN, 115

8º R
19514

MANUEL D'ÉPICTÈTE

TEXTE GREC
ET TRADUCTION FRANÇAISE EN REGARD

ÉDITION PRÉCÉDÉE D'UNE INTRODUCTION ET D'UNE ANALYSE
ET ACCOMPAGNÉE D'APPRÉCIATIONS PHILOSOPHIQUES

Par Henri JOLY

DOYEN HONORAIRE DE LA FACULTÉ DES LETTRES DE DIJON

HUITIÈME ÉDITION

PARIS
IMPRIMERIE ET LIBRAIRIE CLASSIQUES
DELALAIN FRÈRES
115, BOULEVARD SAINT-GERMAIN, 115

Toute contrefaçon sera poursuivie conformément aux lois; tous les exemplaires sont revêtus de notre griffe.

Delalainfrère

1904.

INTRODUCTION.

I. — Notice biographique sur Épictète.

La vie du philosophe stoïcien Épictète nous est peu connue. Nous ignorons même son vrai nom : car le mot *Épictète* est un adjectif qui veut dire *esclave, serviteur*. Nous savons seulement qu'il fut esclave d'Épaphrodite, lequel était un affranchi de Néron et l'un de ses gardes particuliers. Qui ne connaît cette lutte fameuse qui s'engagea un jour entre la tyrannie féroce du maître et la patience obstinée de l'esclave? « Vous me casserez ma jambe, » disait l'esclave torturé, et le supplice continuait. La jambe enfin cassa. « Je vous l'avais bien dit, » fut la seule plainte, la seule protestation du philosophe[1]. Est-ce seulement à la suite de cet accident célèbre qu'il devint boiteux? Une épigramme grecque, rapportée par Aulu-Gelle et par Macrobe, nous incline à le croire, sans nous en donner la certitude. Il nous est également impossible d'établir comment et à quel moment il devint libre. On sait que vers l'an 90, Domitien ayant rendu un édit qui chassait les philosophes, il se retira à Nicopolis en Épire. Y mourut-il? On en doute, car Spartien nous le donne ensuite comme un familier d'Adrien. Dans tous les cas, cette amitié d'un empereur ne l'empêcha point de vivre très pauvrement. Un jour (ce fut la seule dépense qu'il se reprocha), il avait acheté une lampe de fer. A peine l'avait-il, qu'un voleur le débarrassa de ce luxe inutile, et le rappela à l'observation de ses propres maximes. La lampe de terre, qui ensuite éclaira ses veilles,

---

1. Nous trouvons dans Épictète lui-même plusieurs dialogues de même nature, et toujours entre esclave et maître : « Je te couperai la tête. — Quand t'ai-je dit que je n'étais pas mortel ? » C'est en faisant allusion à quelqu'une de ces fières réponses que Celse, opposant aux chrétiens l'exemple du philosophe, disait: « Votre Christ a-t-il rien fait de plus grand? — Oui, il s'est tu, » répondait Origène.

eut une certaine célébrité : car, à sa mort, un opulent ami de la philosophie la paya trois mille drachmes.

Disciple de Musonius Rufus, dont Tacite parle avec tant d'éloges, et sans doute aussi d'Euphrate, dont il vante lui-même l'éloquence, Épictète avait, à son tour, enseigné la philosophie dans Rome; il avait formé des disciples[1]. Il n'a rien écrit par lui-même; mais son élève Arrien nous rapporte, avec les marques de la fidélité la plus scrupuleuse, ses discours et ses maximes. Sans doute il les prenait sur le vif, et les rédigeait au sortir même de ses entretiens ou de ses leçons, conservant le style et le ton du maître[2]. C'est ainsi, c'est grâce au récit et à l'exposition d'Arrien qu'Épictète a pu se survivre à lui-même dans les quatre livres parvenus jusqu'à nous des *Entretiens* ou *Discours*, et dans l'*Enchiridion* ou *Manuel*.

II. *Philosophie d'Épictète.*

Épictète parlait grec, même à Rome, et c'est en grec que nous sont rapportées toutes ses maximes. Le fait vaut la peine d'être relevé. Le stoïcisme avait eu à Rome d'illustres interprètes qui l'avaient exposé en latin : Cicéron, dans son livre *De Natura Deorum*, et surtout dans le *De Officiis*; Sénèque, dans ses divers écrits. Ces deux hommes s'adressaient donc (et de là le caractère un peu aristocratique de leur enseignement) aux vrais Romains, aux conquérants du monde, c'est-à-dire à une élite de moins en moins nombreuse. « Le latin est enfermé dans d'étroites limites; le grec est répandu partout, » disait déjà Cicéron[3]. Qu'était-ce donc un siècle plus tard? Le monde grec et le monde oriental refluaient sur l'Italie; et dans Rome même, si l'on

---

1. Marc-Aurèle n'a vraisemblablement pas pu l'entendre, comme on l'a quelquefois avancé. Il connaissait sa doctrine, mais par les enseignements de Rusticus, son disciple, et surtout par les livres d'Arrien.

2. Dans plusieurs auteurs, particulièrement dans Stobée, se trouvent beaucoup de sentences d'Épictète qui ne sont pas dans Arrien.

3. Dans le *Pro Archia*.

voulait se faire entendre de la populace, il était bon de parler grec[1]. L'empereur Marc-Aurèle aussi va écrire ses *Pensées* en grec, et bien d'autres se serviront de cette langue. Est-ce à dire, en ce qui concerne le stoïcisme, que cette vieille doctrine va revenir sur ses pas ? qu'elle va reprendre en sous-œuvre les grandes constructions scientifiques d'autrefois, les théories sur les éléments et les principes constitutifs du monde et les théories logiques qui avaient tant aiguisé la subtilité curieuse de la race grecque ? Non. La morale, qui était déjà dans les premiers stoïciens[2] le but par excellence de la philosophie, le terme en vue duquel étaient elles-mêmes disposées les études sur la physique et la logique, la morale tend de plus en plus à absorber la sagesse stoïcienne presque tout entière. La philosophie devient plus populaire : son enseignement est donc plutôt prédication que démonstration : elle offre moins d'abstractions, moins de système qu'autrefois, plus d'analyses intérieures, de casuistique, et peut-être faut-il dire, plus de rhétorique. Quant à la pensée, elle aussi a quelque peu changé ; deux caractères nouveaux la distinguent : moins d'orgueil et plus de mysticisme.

Autrefois, en effet, le Sage du Portique ne se proclamait pas seulement une portion de la Divinité, ce qui se concevait sans peine, puisque dans le stoïcisme, tant ancien que nouveau, Dieu et la nature ne font qu'un ; il insistait particulièrement sur ce point, que, dans le jeu des forces naturelles, dans le drame de l'univers, il jouait, pour ainsi dire, un rôle indépendant et un rôle de premier ordre. Mieux encore, il affirmait que le sage n'était pas moins nécessaire à Jupiter que Jupiter au sage : la suppression du sage n'aurait-elle pas diminué, altéré gravement cette raison et cette beauté souveraine qui, bien qu'appelée *Dieu* ou *Jupiter*, n'était autre chose que la vie totale du monde, comprise

---

1. G. BOISSIER, *Histoire de la Religion romaine d'Auguste aux Antonins.*

2. Nous supposons que les élèves qui nous lisent ont déjà quelques notions sur la philosophie stoïcienne en général. Ils peuvent, en tout cas, s'éclairer dans notre *Cours de Philosophie* et dans nos *Études sur les Ouvrages philosophiques de l'Enseignement classique.*

dans son unité ? La sagesse du stoïcien était donc, encore une fois, comme un principe à part, rattaché sans doute au reste de l'univers par les liens d'une nécessité à laquelle rien n'échappait, mais existant néanmoins par lui-même tout aussi bien que ces forces particulières personnifiées sous les noms des dieux secondaires de la vieille religion nationale. Le stoïcien Cotta, que Cicéron fait parler dans un de ses Traités, dit fièrement : « A la vérité, les mortels tiennent des dieux les agréments et les commodités de la vie; mais quant à la vertu, jamais personne ne l'a due à aucun dieu. » Avec Sénèque déjà, et surtout avec Épictète et Marc-Aurèle, le ton n'est plus le même. Que de fois nous allons entendre répéter par ces philosophes que nul n'est sage sans l'aide de Dieu ; que rien d'important ne peut être entrepris sans la permission et sans l'aide de Dieu ! Il ne sera plus désormais question que de soumission à la Providence; et c'est uniquement dans cette soumission absolue que le sage retrouvera, sinon sa royauté dominatrice, du moins sa liberté.

Si cette humilité relative des nouveaux stoïciens est due à ce qu'ils s'inclinent davantage devant la nature divine, on ne doit pas être étonné de leur tendance au mysticisme. Et, en effet, c'est avec une sorte d'attendrissement qu'Épictète parle de Dieu : « Si j'étais un rossignol, dit-il, je ferais le métier d'un rossignol. Je suis un être raisonnable, il me faut chanter Dieu : voilà mon métier, et je le fais[1]. » Est-ce donc que Dieu est désormais pour l'école stoïcienne un créateur, un guide, un juge, dans le sens où nous l'entendons aujourd'hui, un être personnel enfin ? Sans doute, à force de réduire tous les êtres de l'univers et l'homme lui-même à n'être que des parties du grand Tout dont Dieu est l'âme et la vie, Épictète semble bien attribuer à Dieu une existence réelle. C'est, d'ailleurs, entre ces deux excès opposés qu'oscille tout panthéisme : ou il veut conserver l'indépendance des êtres, et alors réduire Dieu à n'être plus qu'un mot, une vaine abstraction ; ou il reconnaît pleinement l'être de Dieu, mais il absorbe tout en lui. Mais enfin, si le monde et l'homme ne sont point considérés comme

---

1. *Discours* ou *Entretiens*, I, 16.

distincts de Dieu, Dieu non plus ne peut être considéré comme distinct de l'homme ni du monde. Dès lors sa personnalité est-elle sauve? et ce Dieu est-il bien différent de la Nature des premiers stoïciens ? Nous ne le pensons pas. Mais il n'y a rien là qui doive nous empêcher de comprendre les aspirations d'Épictète, ses invocations, ses prières. L'histoire de la philosophie nous le prouve : le vague et l'imperfection des doctrines peuvent égarer le sentiment religieux, le pervertir, non le supprimer. Les superstitions qui pullulent aux époques mêmes de scepticisme attestent bien ce besoin persistant du surnaturel qui tourmente l'homme en dépit de lui. L'Orient tout entier, si l'on excepte la Judée, a souvent mis autant d'ardeur et de tendresse dans sa manière de sentir le divin que de faiblesse et d'incertitude dans sa manière de le comprendre. Or, sous l'empire romain, qui ne sait que les religions et les cultes de l'Orient venaient se superposer à l'hellénisme et l'étouffer sous une masse de croyances confuses et de pratiques sans raison ? L'école d'Alexandrie, qui fut nettement panthéiste, n'a-t-elle pas recommandé, propagé les pratiques de l'extase et de la magie qui devaient amener, par la perte de la conscience, l'union de l'âme humaine avec l'âme impersonnelle du grand Tout ?

Au reste, exposons sommairement l'ensemble des opinions d'Épictète, et l'on pourra se rendre compte de ce que sa philosophie a conservé, de ce qu'elle a retranché des croyances de son école et de ce qu'elle a pu y ajouter.

Quelle est la destinée de l'homme ? Voilà une question dont la solution a toujours, on le conçoit sans peine, une grande influence sur toute espèce de morale. Or, en maint endroit Épitète se la pose, et ce sont les réponses qu'il y fait qui, à leur tour, inspirent toutes ses maximes. Mais la question de la destinée humaine en enveloppe un certain nombre d'autres, et chez Épictète, notamment, trois principales : Dieu, la Providence et la mort.

Douter de l'existence des dieux et de celle de Dieu, c'est, aux yeux de notre stoïcien, une impiété intolérable et la source de toute immoralité : « Si l'on pouvait partager autant qu'on le doit cette croyance, que nous sommes tous enfants de Dieu au premier chef, que Dieu est le père des hommes et des divinités, jamais, je pense, on n'aurait des idées qui nous amoindrissent ou nous rapetissent[1]. » Tout dans la nature est trop bien combiné ; l'agencement de chacune des parties de l'univers, et surtout l'organisation des corps vivants, tout cela sent trop l'artiste pour pouvoir être l'œuvre du hasard. Ce Dieu est donc une intelligence qui pénètre tout, qui connaît tout. « On lui demandait comment on pourrait prouver à quelqu'un que toutes ses actions tombent sous l'œil de Dieu. — Ne crois-tu pas, dit-il, à l'unité du monde ? — J'y crois. — Ne crois-tu pas à l'harmonie du ciel et de la terre ? — J'y crois. — Et, en effet, comment les plantes fleurissent-elles ? comment mûrissent-elles ?....Selon l'ordre de Dieu ! Puis, lorsque la lune croît et décroît, lorsque le soleil arrive ou se retire, pourquoi vois-tu sur la terre tant de changements, tant d'échanges des contraires ? Et les plantes, et nos corps se relieraient ainsi avec le grand Tout, et seraient en harmonie avec lui, sans que cela fût plus vrai encore de nos âmes ? Et nos âmes se relieraient et se rattacheraient ainsi à Dieu comme des *parties qui en ont été détachées, sans que Dieu s'aperçût de leur mouvement,* qui est de même nature que le sien, *qui est le sien même !* Le soleil serait capable d'éclairer une si vaste portion de l'univers..., et celui qui a fait le soleil (*cette partie de lui-même, si minime par rapport au Tout*), celui qui le promène autour du monde, ne serait pas capable de tout connaître [2] ! »

Si toutes les fractions de l'univers sont des parties détachées du grand Tout, il n'est pas étonnant que tout se suive, que tout s'enchaîne. Pour les anciens stoïciens, c'était cet ordre rigoureux qui, par lui seul, sans impliquer la réalisation ni la poursuite d'un idéal supérieur à la liaison même des choses, constituait toute beauté, comme toute vérité, comme tout bien. Chrysippe, dans les traductions que Cicéron donne de plusieurs passages importants de ses écrits, assimile la volonté de Jupiter à la destinée (*fatum*); et cette destinée, à son tour, il la définit : *Sempiterna quædam et indeclinabilis series rerum et catena, volvens ipsa per se...*[3]. Dans Épictète, la forme

---

1. *Discours*, I, 6.
2. *Discours*, I, 14.
3. *De Natura Deorum*, I. 15.

du langage est plus poétique, et si le mot de *destinée* ne disparaît pas, ni la chose non plus, du moins est-il plus souvent question de *Providence*. « C'est Dieu qui a réglé que, pour l'harmonie de l'univers, il y aurait des étés et des hivers...¹. « Il faut louer la Providence de tout ce qui arrive dans le monde. « Si Jupiter envoie tels ou tels événements, il a aussi donné à l'homme toutes les forces nécessaires pour les supporter, et ces forces il les a données libres, indépendantes, affranchies de toute contrainte extérieure; il les a mises à notre disposition complète, sans se réserver à lui-même la puissance de les entraver ou de leur faire obstacle². »

En un mot, tout procède de Dieu, et la parenté qui unit l'homme à Dieu est la plus étroite de toutes. Mais est-ce seulement pour un temps que l'homme éprouve les effets de cette parenté? et cette Providence lui réserve-t-elle autre chose que la jouissance de la vie actuelle? Ici Épictète ne nous laisse malheureusement aucun doute. L'homme est destiné à mourir comme les épis à être coupés, comme les feuilles à tomber; et cette mort est si naturelle, si nécessaire par conséquent, qu'il serait superflu, injuste même de rien rechercher au delà d'elle. Épictète, à la vérité, semble bien, en plusieurs circonstances, distinguer l'âme du corps, ce qui dirige de ce qui est dirigé, ce qui commande de ce qui obéit; et il semble encore qu'à la mort les destinées de l'un et de l'autre lui apparaissent comme distinctes. — « On te jettera sans sépulture! — J'y serai jeté en effet si mon cadavre est moi; mais si je suis autre chose que mon cadavre, parle d'une façon plus juste, dis ce qui est réellement et ne cherche pas à me faire peur³. » Que devient donc ce quelque chose qui est autre que le cadavre? Ici Épictète ne s'explique pas davantage; mais il est évident qu'il avait retenu sur ce point, comme sur presque tous les autres, la vraie doctrine du stoïcisme. Les âmes sont des étincelles détachées du feu divin, des étincelles un peu plus riches que les autres; elles ne périront pas : car en ce monde rien ne périt, la matière propre-

---

1. *Discours*, I, 12.
2. *Discours*, I, 6.
3. *Discours*, IV, 7.

ment dite non plus ne périt pas. Mais tout change incessamment de forme, parce que tout entre dans des combinaisons toujours nouvelles, et, par conséquent, ce que nous appelons la *personnalité humaine* n'existe plus après la mort. Mais laissons parler le philosophe; les nuances sont ici tellement délicates que la meilleure manière d'exposer est de traduire.

« Tu t'en iras vers des choses amies et de même genre que toi. Tout ce qu'il y avait de feu en toi ira vers le feu; tout ce qu'il y avait de terre vers la terre. Point d'enfer, point d'Achéron : tout est peuplé de dieux et de génies [1]. »

« Mais voici le moment de mourir. — Que dis-tu de mourir ? Ne grossis pas les choses d'une manière théâtrale; dis que voici le moment où ma substance va se décomposer dans les éléments dont elle est composée. Et qu'y a-t-il là de si terrible ? Est-il donc rien qui doive périr dans ce monde [2] ? »

« Il n'y a dans tout cela que des transformations des choses les unes dans les autres; il n'y a pas d'anéantissement. Ordre, règle, disposition de l'ensemble, voilà tout ce qu'il y a là. Il n'y a pas autre chose dans la mort : ce n'est qu'un grand changement. L'être actuel s'y change, non pas en non-être, mais en quelque chose qui n'est pas actuellement. — Est-ce donc que je ne serai plus ? — Si, tu seras; mais tu seras quelque autre chose dont le monde aura besoin en ce moment. Tu n'es pas né en effet quand tu l'as voulu, mais quand le monde a eu besoin de toi [3]. »

Ainsi notre destinée, celle du moins dont nos personnes libres ont le souci tant que dure la forme propre à la vie humaine, cette destinée n'a qu'un temps. « Je suis une partie du grand Tout, comme l'heure est une partie du jour. Il faut que je vienne comme vient l'heure, et que je passe comme elle [4]. » Mais pendant cette vie, quel est donc le devoir de l'homme ? De comprendre autant qu'il le

---

1. *Discours*, III, 23.
2. *Discours*, IV, 7.
3. *Discours*, III, 24.
4. *Discours*, III, 5.

peut l'ordre immuable du monde, de reconnaître qu'il en est lui-même une partie dont le sort est fixé d'avance, et de se résigner à toutes les choses qui arrivent : car par cela seul qu'elles arrivent, elles étaient arrêtées, inévitables, nécessaires, justes par conséquent. Qu'au lieu de dire avec ses prédécesseurs : « *Vis conformément à la nature,* » Épictète dise : « *Vis conformément à la volonté de Dieu*, » il est facile de voir qu'il ne change rien qu'un mot au dogme stoïcien. Par qui, en effet, le disciple d'Épictète connaît-il la volonté de Dieu, sinon par les événements qui surviennent dans la nature ? Il lui est recommandé sans doute de coopérer à l'œuvre de la Providence ; mais de quelle manière? en y acquiesçant ; le philosophe n'en donne aucune autre. Et ce n'est pas seulement l'infirmité actuelle de l'homme qui est en cause. Ses facultés seraient augmentées que la loi resterait la même. En effet, « si l'homme de bien connaissait l'avenir, il coopérerait lui-même à ses maladies, à sa mort, à sa mutilation, parce qu'il dirait que ce sont là des lots qui lui reviennent dans la distribution de l'ensemble, et que le tout y est plus important que la partie. » Mais quoi ! ne s'agit-il pas seulement des conditions matérielles au milieu desquelles doit s'accomplir notre propre existence ? Le philosophe n'entend-il pas que chacun de nous, usant des ressources qui lui sont données et n'en cherchant point d'autres, réserve son initiative et son énergie pour l'amélioration du sort de ses semblables ? En aucune façon ; spectateur et admirateur né de l'univers, l'homme ne peut et ne doit vouloir rien changer à quoi que ce soit. « Je veux m'instruire, c'est-à-dire apprendre à vouloir chaque chose comme elle arrive. Et comment arrive-t-elle ? Comment l'a réglé Celui qui règle tout. Or, il a réglé que, pour l'harmonie de l'univers, il y aurait des étés et des hivers, des temps d'abondance et des temps de disette, des vertus et des vices et tous les autres contraires [1]. » Donc le vice est, aussi bien que la vertu, dans l'ordre et dans l'harmonie du monde, puisque les contraires, semble-t-il, sont nécessaires à l'harmonie. Épictète recule si peu devant cette opinion qu'il en tire immédiatement des conséquences pratiques. Non seule-

---

1. *Discours*, I, 12.

ment nous ne pouvons rien changer aux événements, mais il ne dépend même pas de nous d'améliorer les esprits et les cœurs de ceux qui nous entourent. « Nous devons avoir la pensée de cet ordre (universel), non pour changer l'état des choses, car cela n'est pas possible et ne nous serait pas utile, mais pour apprendre, tandis que les choses qui nous entourent sont comme elles sont et comme il est dans leur nature d'être, à conformer notre propre volonté aux événements. Voyez, en effet, pouvons-nous fuir les hommes? — Eh! comment le pourrions-nous? — En vivant avec eux, pouvons-nous du moins les changer? — Qui nous en a donné les moyens? — Que reste-t-il donc de possible, et quelle façon trouver d'en user avec eux? Ne sera-ce pas de leur laisser faire ce qui leur semblera bon, tandis que nous, personnellement, nous resterons malgré tout en conformité avec la nature[1]? »

Mais comment concilier avec ces passages si clairs l'amour de l'enseignement, on peut dire de la prédication, qui tourmentait les derniers stoïciens, Épictète comme les autres? Lui-même n'a-t-il donc pas écrit? N'a-t-il pas du moins enseigné les règles de la sagesse? N'a-t-il pas eu des disciples? N'a-t-il pas exposé, sous les traits du cynique idéal, le type de l'apostolat païen? Tout d'abord, cela ne se concilierait pas qu'il ne faudrait pas s'en étonner outre mesure. Bien des systèmes, bien des opinions ne se soutiennent auprès des âmes sincères et honnêtes que par les contradictions, tant que celles-ci ne sont pas trop apparentes. Mais Épictète avait sa manière d'entendre la prédication. Il faut choisir ceux à qui l'on parle. Tout le monde n'est pas digne d'écouter les leçons du sage, parce que tout le monde n'y est pas également préparé. Mais il est des esprits auxquels on peut faire voir clairement qu'ils se trompent. Si donc on est assez heureux pour connaître soi-même la vérité, qu'on la leur montre, ils l'apercevront immédiatement, et d'eux-mêmes ils changeront de conduite. Ce n'est pas encore là cependant la plus considérable et la meilleure partie de l'enseignement du philosophe. Il doit surtout prêcher d'exemple. Il est dans sa nature d'être plus sage que le reste des hommes. Qu'il soit

---

1. *Discours*, I. 12.

donc un témoin de la Divinité, qui l'inspire. Qu'il se dise à lui-même : « Dieu m'a choisi pour être une démonstration vivante de ses principes[1]. » S'il est dans la nature de ceux qui l'entourent de comprendre ses exemples, ils les suivront ; sinon, non, et il n'en prend nul souci, parce qu'il n'y peut rien. En attendant, son métier est de chanter les louanges de Dieu, il fait son métier. Les conséquences de ses paroles ne dépendent pas de lui.

Un esprit analogue préside à l'exposé des devoirs de l'homme envers ses semblables. On a quelquefois accusé le sage stoïcien d'égoïsme, comme on l'accuse généralement d'orgueil. Il faut s'entendre. L'égoïsme pratique, si l'on peut ainsi s'exprimer, Épictète ne l'admet en aucune façon. L'objection faite à sa doctrine, il l'a prévue, entendue sans doute, car il y répond : « Afin, écrit-il, que tu ne dises pas que je te montre comme exemple un homme dégagé de tout lien social, un homme n'ayant ni femme, ni enfants, ni patrie, ni amis, ni parents pour le faire plier et dévier, prends-moi Socrate[2]. » Et alors vient pour la dixième fois l'éloge de Socrate, modèle du mari, du citoyen, de l'ami... Car Épictète prise fort l'amitié elle-même, et il en parle avec une délicatesse touchante. Ces maximes, d'ailleurs, sont parfaitement conformes à la sagesse stoïcienne. Dans la nature, qui doit nous servir de modèle, est-ce que tout n'est pas lié ? Est-ce que tous les phénomènes ne sont pas réciproquement moyens et fins ? Est-ce que dans chaque ensemble naturel la partie n'est pas subordonnée au tout ? Comment donc les hommes ne seraient-ils pas liés les uns aux autres ? Comment l'individu ne serait-il pas obligé de se sacrifier à sa famille, plus encore à sa patrie, et plus encore à l'humanité ? On peut même dire que cette dernière idée, nulle philosophie antique n'a plus fait pour la propager que le stoïcisme.

« Dis-moi, dit encore Épictète, est-ce que Diogène n'aimait personne, lui qui avait tant de bonté, tant d'amour pour l'humanité, qu'il a supporté avec bonheur toutes les

---

1. *Discours*, III, 24. Voyez plus bas, dans le *Manuel*, les chapitres 46 et 47.
2. *Discours*, IV, 1.

fatigues et toutes les misères corporelles pour l'intérêt général des hommes[1] ? »

Toutefois cet amour pour les autres hommes doit être renfermé dans des limites déterminées. L'idéal du sage n'est pas un Dieu qui se donne et qui se partage, c'est un Dieu qui se suffit à lui-même, et qui vit dans la contemplation de ses propres idées[2].

Il est donc une chose qui passe avant l'amour, qui est au-dessus de l'amour et à laquelle tout est subordonné dans la vie du sage : c'est la liberté. Si votre amour pour vos amis doit vous enlever votre liberté d'esprit, n'ayez pas d'amis. Mais cherchons plus de précision, s'il est possible : car jusque-là le stoïcisme n'a point tout à fait tort. L'amour ne doit pas aller jusqu'à l'annihilation de la personne qui aime ; or, la perte de la liberté, n'est-ce pas l'annihilation de la personne ? Mais si le sage d'Épictète est prêt à se dévouer pour les siens, s'il le faut, au fond les aime-t-il dans le sens que nous donnons aujourd'hui à ce mot ? Au lieu d'attendre avec une docilité et une résignation passive, l'heure du sacrifice que la nature semblera lui imposer pour eux, va-t-il, avec sollicitude et tendresse, au-devant de leurs besoins physiques et moraux ? Répondons non, sans hésiter. Il vit au milieu de ses parents, de ses concitoyens, de ses amis, comme au milieu des choses de la nature, auxquelles il est également lié en vertu de l'ordre universel ; il observe toutes ces relations parce qu'il le doit ; mais il n'y met pas son âme. N'y a-t-il pas même quelque dédain dans cette sèche énumération où les devoirs de la famille sont placés pêle-mêle à côté des fonctions physiques ? « Mange comme doit manger un homme, bois, habille-toi, marie-toi, remplis tes devoirs de citoyen, comme doit le faire un homme ; supporte les injures, accepte les torts de tes frères[3]... »

Sans doute, Épictète combat vivement et à plusieurs reprises les disciples d'Épicure, qui préfèrent le repos à tout, s'abstiennent quand même, systématiquement, des affaires de l'État. « Tu es dans une ville capitale :

---

1. *Discours*, IV, 1.
2. *Discours*, III, 13.
3. *Discours*, II, 4.

il faut être magistrat, rendre équitablement la justice, t'abstenir du bien d'autrui[1]. » Tout cela est bien. Mais tout cela doit s'accomplir en quelque sorte machinalement, le sage réservant pour lui seul sa sensibilité et sa pensée. « Rien n'empêche le sage de s'occuper du gouvernement, s'il doit s'y considérer comme au milieu des mouches[2]. » Sans doute, dire à l'homme d'État : « Ne croyez pas que la destinée humaine soit épuisée par cette vie terrestre ; ne croyez pas que notre société temporelle n'ait d'autre but qu'elle-même : conduisez-vous donc comme au milieu d'hommes périssables, vous jugeant périssable vous-même, mais appelé, ainsi que tous ceux que vous gouvernez, à la possession d'une autre patrie meilleure, etc. ; » rien de mieux. Mais lui dire : « Conduisez-vous comme au milieu des mouches, » c'est-à-dire apparemment au milieu d'êtres avec lesquels ne nous lie aucune solidarité, c'est trop. Ce désintéressement absolu à l'égard des hommes comme à l'égard des choses, ce détachement complet, cette absence de pitié comme de colère, cette impassibilité, en un mot, entraînent chez Épictète une résignation singulière. Il est inutile de montrer par des citations, qui cependant seraient topiques[3], comment, en se désintéressant des fautes de ceux qui lui tiennent de près et en s'en lavant les mains, pour ainsi dire, le sage idéal de notre auteur s'abstient, à tort, de l'un des devoirs les plus essentiels du chef de famille. A ceux qui, plus faibles que nous, s'appuient naturellement sur nous et comptent sur notre vigilance, nous devons aide et protection, non seulement contre les dangers physiques, mais surtout contre les périls moraux. Et d'ailleurs, ne serait-ce pas réduire la famille à une cohabitation toute matérielle, sans aucune espèce de valeur morale, que de ne pas chercher constamment l'harmonie des cœurs et des âmes, l'accord aussi parfait que possible des volontés ? Épictète a donc obéi à une mauvaise inspiration, quand il nous a dit que nous ne pouvions rien pour changer personne, quand il a professé, comme il est écrit dans le *Manuel*, qu'il vaut mieux laisser les autres vicieux que

---

1. *Discours*, III, 7.
2. *Discours*, I, 22.
3. On peut voir, entre autres, *Discours*, I, 18.

de nous rendre nous-mêmes misérables en troublant le calme de notre âme.

La possession de ce calme personnel est tellement, aux yeux d'Épictète, le but suprême et on peut dire unique de la vie, qu'il ne craint pas de conseiller le suicide quand l'existence paraît insupportable. Si la vie devient troublée et malheureuse, elle est comme une maison pleine de fumée. Tant qu'il fume modérément, on reste ; s'il fume trop, on part. « Car il y a une chose qu'il faut avoir toujours présente à l'esprit, c'est que la porte nous est ouverte[1]. » La résignation stoïque a donc des limites. Suffit-elle à garantir la sérénité, le repos de l'âme, le bonheur, par conséquent, tel que la secte se le représente, on doit vivre. N'y suffit-elle plus, on n'a plus désormais rien à faire en ce monde. A toutes les objections trop pressantes, aux réclamations des misérables écrasés sous le poids d'une souffrance qu'ils jugent imméritée, le stoïcisme a cette dernière réponse toujours prête : « Le tyran t'envoie à Gyaros ? tu peux aller dans un lieu où celui qui t'envoie à Gyaros ira lui aussi, qu'il le veuille ou non. Pourquoi donc alors partir pour l'exil comme pour le malheur[2] ? » Veut-on quelque chose de plus net encore ? « Tout ce qui est conforme à la raison se peut supporter. La pendaison elle-même se peut supporter. Lorsque quelqu'un croit qu'elle est conforme à la raison, il s'en va et se pend[3]. »

Parlons maintenant de cette liberté qui est le bien par excellence, le but de la vie du stoïcien. Ce mot peut être pris dans deux sens différents. D'abord il y a cette liberté d'esprit dont Épictète vient de nous parler plus d'une fois, et qui est l'état idéal de l'âme. C'est l'indépendance parfaite, la pleine disposition de soi-même, sans contrariété, sans obstacle, sans entrave de la part des hommes ni des

---

1. *Discours*, I, 25.
2. *Discours*, I, 25.
3. *Discours*, I, 2. — Ces maximes sont tristes, assurément ; mais il faut les avoir lues pour bien saisir le point auquel se rapportait, pour ainsi dire, toute la perspective de la vie dans la doctrine stoïcienne. Cette doctrine avait toujours approuvé le suicide. Voyez notre traduction du *Traité des Devoirs*, I, 114, et la note.

choses[1]. Celui qui jouit de cette liberté est calme, tranquille, heureux, au sein de ce que les hommes appellent souffrance et infortune; il est en commerce avec Dieu, on peut aller jusqu'à dire qu'il est dieu lui-même[2]. Mais c'est là un état tout idéal. C'est une chose qui s'achète cher et à haut prix. Épictète lui-même confesse qu'il n'en est pas encore là. Diogène, voilà un homme libre, Socrate aussi sans doute, Cratès le Cynique et Zénon. Mais autour de lui, c'est en vain qu'Épictète cherche leur pareil. « De par tous les dieux! s'écrie-t-il, je voudrais voir un stoïcien! Si vous ne pouvez m'en montrer un tout à fait, montrez-m'en un qui soit en train de se faire, ou qui penche vers cette manière d'être. Soyez bons pour moi. Ne refusez pas à ma vieillesse la vue d'un spectacle que je n'ai pas encore eu sous les yeux... Que quelqu'un d'entre vous me montre une âme d'homme qui veuille être en communauté de pensées avec Dieu, n'accuser ni Dieu ni homme, n'être frustré de rien, n'aller se heurter contre rien, n'avoir ni colère, ni haine, ni jalousie; une âme qui veuille (à quoi bon tant d'ambages?) devenir un dieu au lieu d'un homme, et qui songe, dans ce misérable corps périssable, à vivre en société avec Jupiter. Montrez-m'en une[3]. »

Certes, l'idéal semble bien élevé. Il l'est, en effet, il l'est même trop à beaucoup d'égards. N'attendant rien par delà cette vie terrestre et mortelle, rien qu'une participation impersonnelle et inconsciente sans doute à l'ordre universel, Épictète voudrait que l'homme réalisât dès ici-bas l'idéal de perfection que sa noble intelligence et sa grande âme ont entrevu. Mais n'est-ce pas là précisément qu'est la chimère? Et voyez les conséquences de cette erreur, quelles contradictions elle amène! Notre philosophe veut faire de l'homme un dieu mortel; il rêve pour lui, dans les limites de la vie, une perfection absolue. Mais pour lui assurer la victoire, pour ne donner aux choses aucune prise sur lui, pour ne lui faire chercher que ce qu'il peut obtenir en effet, n'est-il pas ensuite obligé de dépouiller et d'appauvrir son idéal? Car enfin, qu'est-ce que cette puissance indépendante de l'âme, qu'est-ce que cette liberté

---

1. *Discours*, IV, 1.
2. *Discours*, II, 19.
3. *Discours*, II, 19.

poursuit? Est-ce la plénitude de la vie? Est-ce le rayonnement universel de l'amour, la mutuelle pénétration des âmes? Est-ce la conquête progressive de ces mêmes âmes les unes par les autres? Est-ce la transformation graduelle du globe terrestre? Est-ce l'élargissement indéfini de la pensée? L'âme alors trouverait sa force et sa liberté dans la grandeur de sa mission, dans la certitude de ses progrès à venir, dans l'immensité et l'éternité de ses espérances. Mais non. Pour rendre l'âme heureuse, forte et libre, voici les seuls moyens que le stoïcisme ait pu trouver : supporter et s'abstenir, vouloir toutes les choses comme elles arrivent, prendre tous les hommes comme ils sont. « Ce n'est pas en satisfaisant ses désirs qu'on se fait libre, mais en se délivrant du désir... La seule route qui conduise à la liberté, le seul moyen de s'affranchir de la servitude, c'est de pouvoir dire : O Jupiter, ô destinée, conduisez-moi partout où il vous a plu de me placer[1]. »

En d'autres termes, dire que les choses extérieures à nous ne sont pas des biens, qu'il n'y a de biens que les biens intérieurs, que ceux qui dépendent de nous, cela aussi est admirable : ce sont des maximes qui méritent d'être conservées; mais si on les interprète selon le stoïcisme, qu'en devient le haut prix, ou plutôt qu'en subsiste-t-il? Car ces biens intérieurs, en fin de compte, se réduisent à conformer ses désirs et sa volonté à ce qui arrive, c'est-à-dire à ce qui est extérieur à nous. Sans doute, ne rien désirer est un moyen de n'être pas frustré; ne rien vouloir soi-même est encore un moyen de ne pas échouer. Mais alors à quoi se réduit la vie de l'âme? Elle a beau se donner comme une tension et une lutte perpétuelles; elle n'aboutit finalement qu'à l'immobilité.

Quoi qu'il en soit, prenons cet idéal de liberté tel qu'Épictète nous le présente. De son aveu, trois ou quatre hommes à peine y sont parvenus depuis le commencement du monde. Mais n'y a-t-il pas une autre espèce de liberté, la liberté de choisir entre deux actes, la liberté d'agir bien ou mal? Quel rapport y a-t-il entre cette liberté-ci et la première? Et si la première est si rare, la seconde n'est-elle pas le commun attribut de tous les hommes?

---

1. *Discours*, IV, 2.

Épictète a peut-être entrevu les rapports de ces deux espèces de liberté: car, ainsi que plus d'un philosophe ancien et moderne, il les confond quelquefois l'une avec l'autre. Au fait, l'une est le terme du mouvement moral, l'autre est le mouvement moral lui-même. Si l'homme se sent libre de faire bien plutôt que de faire mal, n'est-ce pas que, mû par une persistante espérance d'atteindre l'idéal de cette liberté pour lequel il se croit né, il est toujours, par cette espérance même, sollicité de s'élever au-dessus de la vie animale, au-dessus de la vie humaine individuelle, personnelle, égoïste, c'est-à-dire isolée, immobile et stérile ? N'est-ce pas précisément cette sollicitation continuelle qui l'affranchit du joug de l'instinct et de la tyrannie des mobiles inférieurs ? Épictète ne s'est pas élevé jusque-là. Mais, trouvant le fait du libre arbitre, il l'a constaté souvent, et il l'a expliqué à sa manière. C'est de quoi il nous reste à parler pour compléter l'examen de sa morale. Nous avons vu en quoi il fait consister la loi de l'humanité : voyons maintenant quels moyens il reconnaît à l'humanité pour accomplir la loi.

Épictète pose en principe que l'homme ne veut jamais faire le mal pour le mal. Toute faute renferme une contradiction. Celui qui la commet ne voulait pas commettre une faute, mais arriver à bien : donc il s'est trompé[1]. « En effet, le bien qui se montre à l'âme l'attire immédiatement à lui, le mal l'en éloigne. Jamais l'âme ne refusera le bien qui se montrera clairement à elle, pas plus que le banquier la monnaie de César[2]. » — « Depuis que la race humaine existe, toutes nos fautes, toutes nos erreurs sont venues de notre ignorance. Un homme fait mal : montre-lui clairement qu'il fait mal, et aussitôt il changera de conduite[3]. » Épictète ne fait aucune exception, pas même pour les fautes où il est bien difficile de croire que l'homme pèche par erreur ou par ignorance. « Qu'est-ce que les filous et les voleurs ? Des gens qui se trompent sur ce qui est bon et sur ce qui est mauvais. Par suite, est-ce de l'indignation ou de la pitié qu'ils doivent t'inspirer ? Montre-

---

1. *Discours*, I, 26.
2. *Discours*, II, 3.
3. *Discours*, II, 24.

leur qu'ils se trompent, et tu verras comment ils cesseront de mal faire[1]. »

Ainsi, quand l'homme fait le mal, devons-nous croire qu'aux yeux d'Épictète il n'use ni par conséquent ne mésuse de sa liberté? Au moment même où il fait le mal, il semble bien, en effet, que notre philosophe ne le croit pas libre. Mais il faut se poser une autre question. Dépend-il de l'homme de connaître ou non la vérité? Est-il libre d'éviter l'erreur? Ici la difficulté s'accroît. D'un côté, sans doute, nous trouvons des réponses négatives très nettes. « Il ne sera sévère pour personne, parce qu'il sera pénétré de cette parole de Platon : C'est toujours malgré elle qu'une âme est sevrée de la vérité[2]. » D'autre part, cependant, nous trouvons que le libre arbitre est aussi bien dans la faculté de juger que dans celle de vouloir, ou plutôt que ces deux facultés n'en font qu'une[3]. Ou encore Épictète est en train d'établir qu'on ne doit souffrir en soi-même aucune inquiétude. Et comme on lui objecte : « Ne m'inquiéterai-je donc pas de tomber dans l'erreur? » il répond : « Non, car il dépend de moi de n'y pas tomber[4]. »

Assurément, les moralistes qui composent à la façon d'Épictète ne veulent pas être serré de trop près; et vouloir faire sortir de leurs écrits un système un, complet, harmonieux, c'est s'exposer à forcer leur pensée. Et puis les difficultés que nous trouvons ici dans les doctrines ne sont-elles pas également dans les choses, du moins dans les portions des choses qu'il est donné à notre faible intelligence de contempler? Nous ne voulons donc pas chercher à concilier à tout prix des affirmations qui semblent si différentes. Cependant un peu d'attention apportée au langage d'Épictète nous fournira peut-être quelque explication.

Il est une expression qui revient souvent dans ses écrits, lorsqu'il veut parler de la puissance que nous avons sur nous-mêmes, c'est χρῆσις τῶν φαντασιῶν. Les φαντασίαι, ce sont proprement les images qui s'offrent à nous; mais ces images, produits de nos sensations, forment la matière de

---

1. *Discours*, I, 18.
2. *Discours*, I, 22.
3. *Discours*, I, 17.
4. *Discours*, II, 13.

nos pensées; elles viennent donc, dans mille combinaisons, assaillir notre intelligence, diriger à notre insu le cours de nos idées. N'influent-elles pas également sur nos désirs et nos résolutions ? Quand nous sommes tentés, par exemple, n'est-ce pas toujours à la suite de quelque image qui vient se présenter à nous sans que nous l'ayons appelée, ou malgré nous ? Or, qu'est-ce donc qui dépend de nous ? C'est la manière d'user de tout cela : χρῆσις. Ainsi quand nous montrons clairement la vérité à quelqu'un, son esprit devient à l'instant même libre d'user de cette vérité, d'y donner son adhésion et d'y conformer sa conduite. Pourquoi ? Parce que nous avons réussi à modifier les idées qui s'offrent à lui. Mais, par contre, n'y a-t-il pas une multitude d'individus qui sont forcément esclaves des fantômes, des apparences, des imaginations en un mot, que leur imposent le milieu où ils se trouvent, leur éducation, leur nature ? Ceux-là se trompent, en effet, et ils ne peuvent pas ne pas se tromper. Et il en est même sur qui les règles les plus claires de la logique ni les enseignements du plus sage ne peuvent rien[1]. Telles sont les distinctions qui peuvent peut-être atténuer les contradictions d'Épictète. Rappelons, d'ailleurs, que les contradictions des stoïciens étaient déjà fameuses dans l'antiquité même[2]. Et enfin, si Épictète s'est peu soucié à ce qu'il semble, d'éclaircir la vraie nature du libre arbitre de chacun, c'est qu'il se préoccupait avant tout sinon du sage, du moins de celui qui était déjà capable de le devenir, faisant en réalité peu d'attention au commun des hommes.

Telle est la doctrine stoïcienne dont Épictète s'est inspiré. Il était nécessaire, pensons-nous, de reconstituer l'ensemble d'où sont tirées les maximes qui composent le *Manuel*. Il est rare, en effet, qu'un précepte moral puisse être pris isolément. Le plus souvent il est nécessaire de voir quels sont les principes dont il découle et qui peuvent, à côté de ce précepte, en inspirer d'autres qui le complètent, le rectifient, ou qui le compromettent et en restreignent la portée. Ainsi telle philosophie commande la patience, la résignation. Mais dans quel but et au nom

---

1. *Discours*, II, 24, 25.
2. Plutarque a consacré tout un traité à ce sujet.

de quel principe le fait-elle? Est-ce parce que la mort doit bientôt terminer notre destinée ou parce qu'elle doit nous en ouvrir une nouvelle? Qui ne voit que dans l'une ou l'autre hypothèse ma résignation ne présentera pas les mêmes caractères? On me dit de vivre en bonne harmonie avec tous les hommes. Mais est-ce parce que je ne puis rien pour les changer, et parce que je suis obligé de les subir, ou parce que, pouvant et devant les améliorer, au moins dans une certaine mesure, il faut que je juge qu'eux et moi sommes solidaires, et que je me préoccupe de leur salut comme du mien? Et ainsi de suite.

Cependant, si nous jugeons bon de nous prémunir contre les erreurs historiques et contre les réhabilitations intempestives, il faut éviter d'être injuste; il faut aussi, pour son profit personnel, lire les hommes de bonne volonté avec la charité qu'ils méritent, en sachant interpréter leurs maximes et les éclairer, pour ainsi dire, d'une lumière plus pure que celle qu'ils ont connue. Épictète est sur les confins des deux mondes, du monde païen qui finit, du monde chrétien qui commence. Lequel des deux a-t-il été à même de connaître? Le premier, le premier seul, évidemment. C'est donc de ce côté qu'il s'est tourné. Et qu'y voyait-il? Beaucoup de confusion, beaucoup d'injustices, beaucoup de crimes, et l'impuissance de tout homme qui eût voulu y porter remède, que celui-là fût un esclave comme lui-même ou un empereur comme Marc-Aurèle. Comment donc le sage pouvait-il user de tous ces tristes fantômes dont son imagination devait être sans cesse obsédée? N'était-il point amené à se réfugier dans cette impassibilité de l'âme, pur au moins de tout commerce avec l'injustice, ne demandant rien aux puissances du monde, et se consolant du désordre de la société par l'adoration de l'ordre éternel de la nature? Tournés du côté de l'esprit nouveau, du côté de la lumière, quelle fécondité n'eussent pas manifestée ces germes de sagesse, où tant de force, tant de patience, tant d'esprit de dévouement, tant de résignation, tant de pureté d'âme, tant d'amour des choses spirituelles, et aussi tant de bon sens, tant de vigueur et de résolution sont déposées! Une dernière fois, qu'est-ce donc qui manquait à cette sagesse pour l'éclairer, la guider et l'amener enfin au vrai but?

Un rayon d'espérance. La *Bonne Nouvelle* seule eût pu le faire tomber sur Épictète.

III. *Analyse du Manuel d'Épictète.*

Le *Manuel* est comme un abrégé des *Discours* ou *Entretiens* d'Épictète, du moins sur tout ce qui touche à la morale pratique du stoïcisme. Ainsi, dans la littérature moderne, on a souvent recueilli, sous le titre de *Pensées*, des passages pris çà et là dans les divers ouvrages de tel philosophe, de tel moraliste ou de tel littérateur. Il ne faut donc point chercher ici (moins encore que dans les *Discours*) l'exposition suivie d'un système. Le *Manuel* renferme même bien des maximes dont le vrai sens risquerait d'être mal compris, si on ne les éclairait par des comparaisons avec les autres écrits du même auteur, ainsi que nous avons essayé de le faire dans cette Introduction et dans les notes.

Le *Manuel* comprend cinquante-trois chapitres, renfermant tantôt une seule, tantôt plusieurs maximes. Ces chapitres se succèdent sans beaucoup d'ordre et ne présentent aucune exposition systématique ni même suivie.

En voici les pensées les plus saillantes:

D'abord la distinction des choses qui dépendent de nous et de celles qui ne dépendent pas de nous ; un philosophe moderne dirait, des biens intérieurs et des biens extérieurs(1). Cette distinction, Épictète la tourne et la retourne, pour ainsi dire, en tous les sens. La méconnaître, c'est s'exposer à devenir impie (I), ridicule (I, VI, XLIV), malheureux (I, II, III, VIII, XIV), esclave des hommes comme des circonstances (I, XIV, XXVIII), esclave aussi de l'opinion ; or, ce qui fait qu'une chose trouble ou afflige, ce n'est pas sa nature propre, c'est l'opinion qu'on s'en fait (V, XVI, XXVI).

D'heureuses applications sont faites de cette distinction fondamentale, quand le stoïcien recommande de ne donner aucune prise sur soi ni aux hommes qui paraissent plus heureux et plus puissants, et dont il faudrait acheter les faveurs par des bassesses (XIX, XX, XXV), ni à la multitude, dont il faut savoir, à l'occasion, dédaigner les jugements irréfléchis (XIII, XXII, XXIV), ni au devin, qui ne peut que nous présager et nous annoncer des choses indifférentes au vrai bonheur (XVIII, XXXII), ni enfin à ses propres passions, à la sensualité, à l'orgueil, ni à son imagination (II, X, XXXIII, XXXIV); ces derniers ennemis, on les combat avec avantage en temporisant, en leur donnant le temps de se calmer et de s'affaiblir (XX, XXXIV).

D'autres applications sont moins heureuses. Ainsi, parmi les biens extérieurs, Épictète semble ranger non seulement les honneurs, non seulement l'estime des autres hommes, mais même les affections de la famille (III, VII, XV). Il veut aussi que pour jouir en paix et en toute liberté des biens qui dépendent de lui, l'homme soit indifférent à la conduite des autres et accepte tous les événements comme ils arrivent (VIII, IX, XII, XIV).

Viennent ensuite des conseils pratiques sur la nécessité d'être conséquent avec soi-même, de ne pas changer tous les jours de conduite et de projets (XXIX), sur la manière de reconnaître et d'observer ses devoirs envers les hommes et les dieux (XXX, XXXI, XXXII, XXXIII).

Plusieurs fragments sont consacrés à établir la supériorité de la morale pratique sur la morale théorique (XLIX, LII). L'idée de la Destinée et de l'obéissance absolue qui lui serait due termine le *Manuel*.

Toutes ces maximes s'adressent à un jeune disciple qui débute dans la philosophie. Épictète ne lui demande pas d'atteindre immédiatement la perfection, mais il lui demande d'y aspirer (I, II, XXIX, XXXIII, LI).

La maxime fondamentale du *Manuel* est qu'il faut aimer et rechercher uniquement ce qui dépend de nous ; de là des préceptes aussi beaux que sages sur l'indépendance de la vie, sur le mépris des plaisirs sensibles, sur la prudence avec laquelle on ne doit commencer une entreprise que lorsqu'on se sent capable de la mener à bien. Malheureusement, Épictète range parmi les biens extérieurs, dont il faut se détacher le plus possible, les jouissances de la famille et la direction morale de ceux-là mêmes qui nous touchent de près. Il veut que le sage soit indifférent à tous les triomphes et à toutes les défaites, non moins qu'au bonheur et même à la vertu des autres. Après avoir proposé pour but de la vie morale la possession de la liberté, il met toute la liberté dans l'acquiescement absolu à la nécessité. Sa morale peut se résumer dans la maxime fataliste de son « Supporte et abstiens-toi. »

H. RIGAULT.

ΕΠΙΚΤΗΤΟΥ ΕΓΧΕΙΡΙΔΙΟΝ

MANUEL D'ÉPICTETE

ΕΠΙΚΤΗΤΟΥ ΕΓΧΕΙΡΙΔΙΟΝ[1].

I.

1. Τῶν ὄντων, τὰ μέν ἐστιν ἐφ' ἡμῖν, τὰ δὲ οὐκ ἐφ' ἡμῖν[2]. Ἐφ' ἡμῖν μὲν, ὑπόληψις, ὁρμὴ, ὄρεξις, ἔκκλισις· καὶ ἑνὶ λόγῳ, ὅσα ἡμέτερα ἔργα. Οὐκ ἐφ' ἡμῖν δὲ, τὸ σῶμα, ἡ κτῆσις, δόξαι, ἀρχαί· καὶ ἑνὶ λόγῳ, ὅσα οὐχ ἡμέτερα ἔργα.

2. Καὶ τὰ μὲν ἐφ' ἡμῖν ἐστι φύσει ἐλεύθερα, ἀκώλυτα, ἀπαραπόδιστα· τὰ δὲ οὐκ ἐφ' ἡμῖν, ἀσθενῆ, δοῦλα, κωλυτὰ, ἀλλότρια.

3. Μέμνησο οὖν, ὅτι, ἐὰν τὰ φύσει δοῦλα ἐλεύθερα οἰηθῇς, καὶ τὰ ἀλλότρια ἴδια, ἐμποδισθήσῃ, πενθήσεις, ταραχθήσῃ, μέμψῃ καὶ θεοὺς καὶ ἀνθρώπους· ἐὰν δὲ τὸ σὸν μόνον οἰηθῇς σὸν εἶναι, τὸ δὲ ἀλλότριον, ὥσπερ ἐστὶν, ἀλλότριον, οὐδείς σε ἀναγκάσει οὐδέποτε, οὐδείς σε κωλύσει, οὐ μέμψῃ οὐδένα, οὐκ ἐγκαλέσεις τινὶ, ἄκων πράξεις οὐδὲ ἕν, οὐδείς σε βλάψει, ἐχθρὸν οὐχ ἕξεις· οὐδὲ γὰρ βλαβερόν τι πείσῃ.

4. Τηλικούτων[3] οὖν ἐφιέμενος, μέμνησο, ὅτι οὐ δεῖ μετρίως κεκινημένον ἅπτεσθαι αὐτῶν, ἀλλὰ τὰ μὲν ἀφιέναι

---

1. *Manuel*, de ἐγχειρίδιον (ἐν, *dans*, χείρ, *main*). Ce mot ne signifie pas, pour Arrien, un livre qu'on doit toujours avoir sous la main, mais, suivant le commentaire de Simplicius, une arme de combat qu'il faut toujours avoir à sa portée, et dont il faut toujours être prêt à se servir.

2. C'est par cette distinction fondamentale que s'ouvrent aussi les *Discours* ou *Entretiens philosophiques*, dans lesquels Arrien a longuement exposé la philosophie d'Épictète.

MANUEL[1] D'ÉPICTÈTE.

I.

1. Il y a des choses qui dépendent de nous, et il y en a qui ne dépendent pas de nous[2]. Ce qui dépend de nous, ce sont nos pensées, nos résolutions, les mouvements par lesquels notre volonté se porte vers un objet ou s'en détourne : en un mot tout ce qui est notre œuvre. Ce qui ne dépend pas de nous, c'est notre corps, c'est la richesse, c'est l'opinion d'autrui, c'est le pouvoir : en un mot tout ce qui n'est pas notre œuvre.

2. Les choses qui dépendent de nous sont libres par essence ; elles ne peuvent être ni empêchées ni contrariées ; celles qui ne dépendent pas de nous sont faibles, esclaves, incertaines, étrangères à nous.

3. Souviens-toi donc de ceci : si tu crois libre ce qui de sa nature est esclave, si tu crois pouvoir disposer de ce qui dépend d'une puissance autre que la tienne, tu seras entravé, affligé, troublé ; tu te plaindras des dieux et des hommes. Si, au contraire, tu regardes comme tien cela seul qui est véritablement tien, comme étranger à toi ce qui est étranger à toi, nul ne pourra te contraindre ou te faire obstacle, tu ne te plaindras de personne, tu n'accuseras personne, tu ne feras rien malgré toi, personne ne te lésera, tu n'auras point d'ennemi, tu ne seras obligé de te plier à rien de fâcheux.

4. Si tu aspires à un si noble but[3], rappelle-toi donc qu'une telle entreprise ne peut être embrassée mollement,

---

2. D'ailleurs, le *Manuel* n'est que le résumé ou une suite d'extraits, peu méthodiques, il faut l'avouer, des *Entretiens*. (Voir l'Introduction.)

3. C'est-à-dire à la sagesse, qui nous détourne de tout ce qui est extérieur. Toutes les maximes du *Manuel* s'adressent à un jeune disciple qui n'est pas encore philosophe, mais qui travaille à le devenir.

παντελῶς, τὰ δ' ὑπερτίθεσθαι πρὸς τὸ παρόν. Ἐὰν δὲ καὶ ταῦτ' ἐθέλῃς, καὶ ἄρχειν καὶ πλουτεῖν, τυχὸν μὲν οὐδ' αὐτῶν τούτων τεύξῃ, διὰ τὸ καὶ τῶν προτέρων ἐφίεσθαι· πάντως γε μὴν ἐκείνων ἀποτεύξῃ, δι' ὧν μόνων ἐλευθερία καὶ εὐδαιμονία περιγίνεται.

5. Εὐθὺς οὖν πάσῃ φαντασίᾳ τραχείᾳ μελέτα ἐπιλέγειν, ὅτι, Φαντασία εἶ, καὶ οὐ πάντως τὸ φαινόμενον. Ἔπειτα ἐξέταζε αὐτὴν, καὶ δοκίμαζε τοῖς κανόσιν οἷς ἔχεις· πρώτῳ δὲ τούτῳ καὶ μάλιστα, πότερον περὶ τὰ ἐφ' ἡμῖν ἐστιν, ἢ περὶ τὰ οὐκ ἐφ' ἡμῖν. Κἂν περί τι τῶν οὐκ ἐφ' ἡμῖν ᾖ, πρόχειρον ἔστω τό, διότι Οὐδὲν πρὸς ἐμέ.

II.

1. Μέμνησο, ὅτι ὀρέξεως ἐπαγγελία ἐπιτυχία οὗ ὀρέγῃ· ἐκκλίσεως ἐπαγγελία, τὸ μὴ περιπεσεῖν ἐκείνῳ ὃ ἐκκλίνεται· καὶ ὁ μὲν ἐν ὀρέξει ἀποτυγχάνων, ἀτυχής· ὁ δὲ ἐν ἐκκλίσει περιπίπτων, δυστυχής. Ἂν μὲν οὖν μόνα ἐκκλίνῃς τὰ παρὰ φύσιν τῶν ἐπὶ σοί, οὐδενί, ὧν ἐκκλίνεις, περιπεσῇ. Νόσον δ' ἂν ἐκκλίνῃς, ἢ θάνατον, ἢ πενίαν, δυστυχήσεις.

2. Ἆρον οὖν τὴν ἔκκλισιν ἀπὸ πάντων τῶν οὐκ ἐφ' ἡμῖν, καὶ μετάθες ἐπὶ τὰ παρὰ φύσιν τῶν ἐφ' ἡμῖν· τὴν ὄρεξιν δὲ παντελῶς ἐπὶ τοῦ παρόντος ἄνελε. Ἄν τε γὰρ ὀρέγῃ τῶν οὐκ ἐφ' ἡμῖν τινος, ἀτυχεῖν ἀνάγκη· τῶν τε ἐφ' ἡμῖν, ὅσων ὀρέγεσθαι καλὸν ἂν, οὐδὲν οὐδέπω σοι πάρεστι[1]. Μόνῳ δὲ τῷ ὁρμᾶν καὶ ἀφορμᾶν χρῶ, κούφως μέν τοι, καὶ μεθ' ὑπεξαιρέσεως, καὶ ἀνειμένως.

---

1. Voy. la note précédente.

que tu dois renoncer entièrement à certaines choses, que tu dois t'abstenir pour le moment de certaines autres. Si, en effet, désirant ces biens, tu cherches de plus le pouvoir et la richesse, tu risques de manquer ces derniers avantages pour vouloir poursuivre aussi les premiers, et à coup sûr tu perdras complètement ceux-là seuls qui pouvaient te donner la liberté et le bonheur.

5. Ainsi donc à toute apparence de malheur, aie soin de dire : « Tu n'es qu'apparence, tu n'es point du tout ce que tu apparais. » Ensuite, examine-la bien, et, pour la juger, sers-toi des règles dont tu disposes, de cette première règle surtout qui te prescrit de demander : « Cette chose est-elle ou n'est-elle pas de celles qui dépendent de nous ? » Si elle est de celles qui ne dépendent pas de nous, dis-toi bien vite : « Cela ne me touche point. »

II.

1. Souviens-toi que la fin du désir est de posséder l'objet du désir, comme la fin de l'aversion est d'éviter l'objet de l'aversion; et comme celui-là est malheureux qui est privé de ce qu'il souhaite, celui-là aussi est misérable qui tombe dans ce qu'il voulait éviter. Si donc tu ne veux détourner de toi que des choses qui dépendent de toi, tu éviteras toujours l'objet de ton aversion; mais si tu veux détourner de toi la maladie, la mort, la pauvreté, tu seras misérable.

2. Laisse donc là ton aversion pour ce qui ne dépend pas de toi. Reporte-la sur des choses qui, dépendant de toi, sont contraires à la nature. Mais, pour le moment, renonce à toute espèce de désir : car si tu en éprouves pour des choses qui ne dépendent pas de toi, tu es forcément malheureux. Quant aux choses qu'il peut être beau de désirer parmi celles qui dépendent de nous, tu n'es encore prêt pour aucune d'elles ! Contente-toi de rechercher ce que tu dois rechercher, de fuir ce que tu dois fuir, mais toujours avec modération, avec discrétion, avec retenue.

III.

Ἐφ' ἑκάστου τῶν ψυχαγωγούντων, ἢ χρείαν παρεχόντων, ἢ στεργομένων, μέμνησο ἐπιλέγειν, ὁποῖόν ἐστιν, ἀπὸ τῶν σμικροτάτων ἀρξάμενος· ἂν χύτραν στέργῃς, ὅτι, Χύτραν στέργω· κατεαγείσης γὰρ αὐτῆς, οὐ ταραχθήσῃ. Ἂν παιδίον σαυτοῦ καταφιλῇς, ἢ γυναῖκα, ὅτι ἄνθρωπον καταφιλεῖς· ἀποθανόντος γὰρ, οὐ ταραχθήσῃ[1].

IV.

Ὅταν ἅπτεσθαί τινος ἔργου μέλλῃς, ὑπομίμνησκε σεαυτὸν, ὁποῖόν ἐστι τὸ ἔργον. Ἐὰν λουσόμενος ἀπίῃς, πρόβαλλε σεαυτῷ τὰ γινόμενα ἐν βαλανείῳ· τοὺς ἀποῤῥαίνοντας, τοὺς ἐγκρουομένους, τοὺς λοιδοροῦντας, τοὺς κλέπτοντας· καὶ οὕτως ἀσφαλέστερον ἅψῃ τοῦ ἔργου, ἐὰν ἐπιλέγῃς εὐθὺς, ὅτι, Λούσασθαι θέλω, καὶ τὴν ἐμαυτοῦ προαίρεσιν κατὰ φύσιν ἔχουσαν τηρῆσαι. Καὶ ὡσαύτως ἐφ' ἑκάστου ἔργου· οὕτω γὰρ, ἄν τι πρὸς τὸ λούσασθαι γένηται ἐμποδῶν, πρόχειρον ἔσται, διότι, Ἀλλ' οὐ τοῦτο ἤθελον μόνον, ἀλλὰ καὶ τὴν ἐμαυτοῦ προαίρεσιν κατὰ φύσιν ἔχουσαν τηρῆσαι· οὐ τηρήσω δὲ, ἐὰν ἀγανακτῶ πρὸς τὰ γινόμενα[2].

V.

Ταράσσει τοὺς ἀνθρώπους οὐ τὰ πράγματα, ἀλλὰ τὰ περὶ τῶν πραγμάτων δόγματα. Οἷον, ὁ θάνατος οὐδὲν δεινόν· ἐπεὶ καὶ Σωκράτει ἂν ἐφαίνετο. Ἀλλὰ τὸ δόγμα τὸ περὶ τοῦ θανάτου, διότι δεινόν, ἐκεῖνο τὸ δεινόν ἐστιν. Ὅταν οὖν ἐμποδιζώμεθα, ἢ ταρασσώμεθα, ἢ λυπώμεθα, μηδέποτε

---

1. Le chrétien dit : Souviens-toi que c'est un être fait à l'image de Dieu et immortel.
2. C'est, en effet, un grand danger que de vouloir une chose quand même : une illusion, qui va toujours en augmentant,

III.

Quelles que soient les choses qui te charment, qui servent à tes besoins ou que tu aimes, connais-en bien la nature, à commencer par les plus humbles. Si tu aimes un pot de terre, dis-toi : « J'aime un pot de terre, » car s'il se casse, tu n'en seras pas troublé. Si tu embrasses ton fils ou ta femme, dis-toi que c'est un être humain que tu embrasses, car, s'il meurt, tu n'en seras pas troublé[1].

IV.

Avant d'entreprendre quoi que ce soit, pense bien à ce que tu vas faire. Si tu veux aller aux bains, représente-toi d'avance tout ce qui s'y passe : représente-toi les gens qui vous jettent de l'eau, ceux qui vous poussent, ceux qui vous insultent, ceux qui vous volent. Ainsi tu seras plus assuré dans ton action, si dès le principe tu t'es dit : « Je veux me baigner, mais je veux maintenir ma volonté en conformité avec la nature. » Et qu'il en soit ainsi pour tout ce que tu feras. De cette manière, si quelque obstacle t'empêche de te baigner, tu te diras aussitôt : « Ce n'est pas là seulement ce que je voulais ; je voulais aussi conserver ma volonté en conformité avec la nature, et je ne la conserverais point telle, si je m'indignais contre ce qui m'arrive[2]. »

V.

Ce qui trouble les hommes, ce ne sont pas les choses elles-mêmes, mais les opinions qu'ils se font d'elles. Ainsi la mort n'est pas un mal : elle n'a point paru telle à Socrate. Mais l'idée que nous nous faisons que la mort est un mal, voilà le mal véritable. Lors donc que nous sommes traversés, troublés ou affligés, n'accusons personne que nous-

---

nous la fait considérer comme le but de notre vie (gagner de l'argent, conquérir une dignité, par exemple), alors qu'elle ne devrait être qu'un moyen, un moyen comme un autre, et qui souvent voudrait être échangé contre un autre.

ἄλλον αἰτιώμεθα, ἀλλ' ἑαυτούς, τοῦτ' ἔστι τὰ ἑαυτῶν δόγματα. Ἀπαιδεύτου ἔργον, τὸ ἄλλοις ἐγκαλεῖν, ἐφ' οἷς αὐτὸς πράσσει κακῶς· ἠργμένου παιδεύεσθαι, τὸ ἑαυτῷ· πεπαιδευμένου, τὸ μήτε ἄλλῳ, μήτε ἑαυτῷ[1].

VI.

Ἐπὶ μηδενὶ ἐπαρθῇς ἀλλοτρίῳ προτερήματι. Εἰ ὁ ἵππος ἐπαιρόμενος ἔλεγεν, ὅτι, Καλός εἰμι· οἰστὸν ἂν ἦν. Σὺ δέ, ὅταν λέγῃς ἐπαιρόμενος, ὅτι, Ἵππον καλὸν ἔχω· ἴσθι, ὅτι ἐπὶ ἵππου ἀγαθῷ ἐπαίρῃ. Τί οὖν ἐστι σόν; Χρῆσις φαντασιῶν[2]. Ὥσθ', ὅταν ἐν χρήσει φαντασιῶν κατὰ φύσιν σχῇς, τηνικαῦτα ἐπάρθητι. Τότε γὰρ ἐπὶ σῷ τινι ἀγαθῷ ἐπαρθήσῃ.

VII.

Καθάπερ ἐν πλῷ, τοῦ πλοίου καθορμισθέντος, εἰ ἐξέλθοις ὑδρεύσασθαι, ὁδοῦ μὲν πάρεργον, καὶ κοχλίδιον ἀναλέξῃ, καὶ βολβάριον· τετάσθαι δὲ δεῖ τὴν διάνοιαν ἐπὶ τὸ πλοῖον, καὶ συνεχῶς ἐπιστρέφεσθαι, μή ποτε ὁ κυβερνήτης καλέσῃ· κἂν καλέσῃ, πάντα ἐκεῖνα ἀφιέναι, ἵνα μὴ δεδεμένος ἐμβληθῇς, ὡς τὰ πρόβατα. Οὕτω καὶ ἐν τῷ βίῳ, ἐὰν διδῶται ἀντὶ βολβαρίου καὶ κοχλιδίου γυναικάριον καὶ παιδίον, οὐδὲν κωλύσει· ἐὰν δὲ ὁ κυβερνήτης καλέσῃ, τρέχε ἐπὶ τὸ πλοῖον, ἀφεὶς ἐκεῖνα ἅπαντα, μηδὲ ἐπιστρεφόμενος[3]. Ἐὰν δὲ γέρων ᾖς, μηδὲ ἀπαλλαγῇς ποτε τοῦ πλοίου μακράν, μή ποτε καλοῦντος ἐλλίπῃς.

---

1. N'y a-t-il point là un reste de l'orgueil du vieux stoïcien et du fatalisme de l'école? Le sage d'Épictète ne s'accuse pas lui-même, sans doute parce que s'il n'a pas bien fait, c'est qu'il ne le pouvait pas : il en avait été arrêté autrement par Jupiter et la destinée, qui ont réglé par avance les vertus et les vices.
2. Cette expression revient très souvent dans Épictète. Dans les *Entretiens*, M. Courdaveaux la traduit par *usage des idées*; mais il prévient qu'il prend ce mot au sens antique des idées-images. Il ajoute : « Bien des fois ce n'est là qu'une traduction

mêmes, ou pour mieux dire nos opinions. Accuser les autres de ses malheurs est le fait de l'ignorant ; s'accuser soi-même, le fait de celui qui commence à s'instruire ; n'accuser ni les autres ni soi-même est le propre du sage[1].

VI.

Ne t'enorgueillis jamais d'un avantage qui n'est pas tien. Si un cheval se vantait, disant : « Je suis beau », on pourrait le supporter. Mais toi, lorsque tu dis pour te glorifier : « J'ai un beau cheval », sache que la beauté dont tu te vantes est celle de ton cheval, et non la tienne. Qu'est-ce donc qui est tien ? L'usage de ton imagination[2]. Si donc tu uses de ton imagination conformément à la nature, tu peux te glorifier : ce dont tu te vanteras sera bien à toi.

VII.

Que dans une navigation le vaisseau qui te porte prenne terre, si tu descends puiser de l'eau, tu peux, en passant, ramasser quelque coquillage ou quelque plante ; mais tu dois toujours penser à ton vaisseau et détourner à chaque instant la tête de son côté, cherchant si le patron ne t'appelle pas. Et s'il t'appelle, tu dois laisser là tout ce que tu avais ramassé, de peur qu'on ne te lie et qu'on ne te jette dans le vaisseau comme du bétail. Ainsi, dans la vie, si, en guise de plante ou de coquillage, une femme ou un enfant te sont donnés, prends-les ; mais si le maître du navire t'appelle, cours vite à lui, laisse là tout et ne regarde pas derrière toi[3]. Si tu es vieux, ne va pas trop t'éloigner, de peur de manquer à l'appel.

---

timide, et le vrai sens de la formule serait, fort souvent, la *façon dont on use des choses, le parti qu'on sait tirer des événements....* » tels qu'ils nous apparaissent, ajouterons-nous. (Voir notre Introduction.)

3. Toute cette comparaison serait aussi charmante que sage, si l'assimilation d'une femme et des enfants à des jouets de peu d'importance pouvait être acceptée. Au vrai, la femme et les enfants sont des compagnons de voyage. Nous ne devons pas arriver au port sans eux, du moins autant qu'il dépend de nous.

VIII.

Μὴ ζήτει τὰ γινόμενα γίνεσθαι ὡς θέλεις· ἀλλὰ θέλε τὰ γινόμενα ὡς γίνεται· καὶ εὑροήσεις.

IX.

Νόσος σώματός ἐστιν ἐμπόδιον· προαιρέσεως δὲ οὔ, ἐὰν μὴ αὐτὴ θέλῃ. Χώλανσις σκέλους ἐστὶν ἐμπόδιον, προαιρέσεως δὲ οὔ. Καὶ τοῦτο ἐφ' ἑκάστου τῶν ἐμπιπτόντων ἐπίλεγε· εὑρήσεις γὰρ αὐτὸ ἄλλου τινὸς ἐμπόδιον, σὸν δὲ οὔ[1].

X.

Ἐφ' ἑκάστου τῶν προςπιπτόντων μέμνησο, ἐπιστρέφων ἐπὶ σεαυτὸν, ζητεῖν, τίνα δύναμιν ἔχεις πρὸς τὴν χρῆσιν αὐτοῦ. Ἐὰν καλὸν ἴδῃς, ἢ καλὴν, εὑρήσεις δύναμιν πρὸς ταῦτα, ἐγκράτειαν. Ἐὰν πόνος προςφέρηται, εὑρήσεις καρτερίαν. Ἂν λοιδορία, εὑρήσεις ἀνεξικακίαν. Καὶ οὕτως ἐθιζόμενόν σε οὐ συναρπάσουσιν αἱ φαντασίαι.

XI.

Μηδέποτε ἐπὶ μηδενὸς εἴπῃς, ὅτι, Ἀπώλεσα αὐτό· ἀλλ', ὅτι, Ἀπέδωκα. Τὸ παιδίον ἀπέθνεν; ἀπεδόθη. Ἡ γυνὴ ἀπέθνεν; ἀπεδόθη[2]. Τὸ χωρίον ἀφῃρέθη· οὐκοῦν καὶ τοῦτο ἀπεδόθη. Ἀλλὰ κακὸς ὁ ἀφελόμενος. Τί δὲ σοὶ μέλει, διὰ τίνος σε ὁ δοὺς ἀπῄτησε; μέχρι δ' ἂν διδῷ, ὡς ἀλλοτρίου αὐτοῦ ἐπιμελοῦ· ὡς τοῦ πανδοχείου οἱ παριόντες.

---

1. Nous n'avons pas besoin de faire remarquer que ces maximes, prises sans restriction, impliquent ce qu'on appelle le *fatalisme historique*. Il était sans doute excusable au temps d'Épictète, sous la tyrannie des Césars.

VIII.

Ne demande jamais que les choses soient comme tu les veux ; tâche de les vouloir comme elles sont, et sans peine tu couleras ta vie.

IX.

La maladie est un obstacle pour ton corps, non pour ta pensée, si elle ne le veut. Boiter est un obstacle pour ton pied, pour ta volonté ce n'en est pas un. Raisonne ainsi pour chacun des accidents qui t'arrivent, et tu trouveras qu'ils peuvent bien empêcher quelque chose hors de toi, mais en toi-même absolument rien[1].

X.

Quel que soit le danger qui te menace, souviens-toi de te replier sur toi-même et de te demander quelle est la force dont tu disposes contre ce danger. Si tu as à te défendre contre une séduction quelconque, tu trouveras ta force dans l'empire que tu as sur toi-même ; contre une fatigue à supporter, tu auras le courage ; contre une injure, la patience. Prends cette habitude, et les fantômes de ton imagination ne pourront rien contre toi.

XI.

Ne dis jamais : « J'ai perdu cela ; » dis plutôt : « Je l'ai rendu. Mon fils est mort, je l'ai rendu ; ma femme est morte, je l'ai rendue[2]. » Donc si ton bien t'est ravi, tu peux dire que lui aussi tu l'as rendu. « Mais celui qui me l'ôte est un méchant ! » Que t'importe ? puisque celui qui te l'avait donné te le redemande. Tant qu'il te le laisse, jouis-en comme d'un bien qui appartient à autrui, comme un voyageur use d'une hôtellerie.

---

2. Nous empruntons pour ces quelques lignes la traduction que Pascal en donne dans son *Entretien avec M. de Saci*.

XII.

1. Εἰ προκόψαι θέλεις, ἄφες τοὺς τοιούτους ἐπιλογισμούς· Ἐὰν ἀμελήσω τῶν ἐμῶν, οὐχ ἕξω διατροφάς. Ἐὰν μὴ κολάσω τὸν παῖδα, πονηρὸς ἔσται. Κρεῖσσον γάρ, λιμῷ ἀποθανεῖν, ἄλυπον καὶ ἄφοβον γενόμενον, ἢ ζῆν ἐν ἀφθόνοις, ταρασσόμενον. Κρεῖττον δὲ, τὸν παῖδα κακὸν εἶναι, ἢ σὲ κακοδαίμονα [1].

2. Ἄρξαι τοιγαροῦν ἀπὸ τῶν σμικρῶν. Ἐκχεῖται τὸ ἐλάδιον, κλέπτεται τὸ οἰνάριον; ἐπίλεγε, ὅτι, Τοσούτου πωλεῖται ἀπάθεια, τοσούτου ἀταραξία· προῖκα δὲ οὐδὲν περιγίνεται. Ὅταν δὲ καλῇς τὸν παῖδα, ἐνθυμοῦ, ὅτι δύναται μὴ ὑπακοῦσαι, καὶ ὑπακούσας, μηδὲν ποιῆσαι ὧν θέλεις· ἀλλ' οὐχ οὕτως ἐστὶν αὐτῷ καλῶς, ἵνα ἐπ' ἐκείνῳ ᾖ τὸ σὲ μὴ ταραχθῆναι.

XIII.

Εἰ προκόψαι θέλεις, ὑπόμεινον ἕνεκα τῶν ἐκτὸς ἀνόητος δόξας καὶ ἠλίθιος. Μηδὲν βούλου δοκεῖν ἐπίστασθαι· κἂν δόξῃς τις εἶναί τισιν, ἀπίστει σεαυτῷ. Ἴσθι γάρ, ὅτι οὐ ῥᾴδιον, τὴν προαίρεσιν τὴν σεαυτοῦ κατὰ φύσιν ἔχουσαν φυλάξαι, καὶ τὰ ἐκτός· ἀλλὰ, τοῦ ἑτέρου ἐπιμελούμενον, τοῦ ἑτέρου ἀμελῆσαι πᾶσα ἀνάγκη [2].

XIV.

1. Ἐὰν θέλῃς τὰ τέκνα σου καὶ τὴν γυναῖκα καὶ τοὺς φίλους πάντοτε ζῆν, ἠλίθιος εἶ· τὰ γὰρ μὴ ἐπὶ σοί, θέλεις ἐπὶ σοὶ εἶναι· καὶ τὰ ἀλλότρια, σὰ εἶναι. Οὕτω κἂν τὸν παῖδα θέλῃς μὴ ἁμαρτάνειν, μωρὸς εἶ· θέλεις γάρ, τὴν

---

1. Ce pessimisme stoïcien a été expliqué dans l'Introduction.

XII.

1. Veux-tu faire des progrès ? Laisse là tous ces raisonnements : « Si je néglige mes affaires, je n'aurai plus de quoi vivre ; si je ne châtie pas mon esclave, il deviendra méchant. » Il vaut mieux mourir de faim, libre de crainte et de souci, que de vivre, l'âme troublée, dans l'abondance ; et il vaut mieux que ton esclave soit méchant que toi malheureux[1].

2. Commence donc à t'exercer dans les petites choses. On te répand ton huile ? on te vole ton vin ? Dis-toi : « C'est à ce prix qu'on achète le calme parfait, à ce prix le repos de l'âme : on n'a rien pour rien. » Quand tu appelles ton esclave, pense qu'il peut ne pas t'entendre, ou même, s'il t'a entendu, ne pas faire ce que tu veux : tu y gagneras au moins de ne pas le mettre à même de porter à son gré le trouble dans ton âme.

XIII.

Veux-tu faire des progrès ? Résigne-toi à passer pour un insensé, pour un fou, à cause de ton mépris des biens extérieurs. Ne tiens pas à paraître un savant ; et si, près de tel ou tel, tu passes pour un personnage, défie-toi de toi-même. Sache, en effet, qu'il est difficile de conserver à la fois une volonté conforme à la nature et l'amour des choses du dehors. Il est inévitable que celui qui s'attache à l'un néglige l'autre[2].

XIV.

1. Si tu désires que ta femme et tes enfants vivent toujours, tu es un fou : car tu désires que ce qui ne dépend pas de toi dépende de toi, que ce qui ne t'appartient pas t'appartienne. De même, si tu prétends que ton esclave ne fasse point de fautes, tu es un insensé : car tu veux que le vice ne soit plus vice, mais quelque autre chose. Veux-tu

---

2. L'Évangile dit : « Nul ne peut servir deux maîtres. » (S. MATTHIEU, VI, 24.)

κακίαν μὴ εἶναι κακίαν, ἀλλ' ἄλλο τι. Ἐὰν δὲ θέλῃς ὀρεγόμενος μὴ ἀποτυγχάνειν, τοῦτο δύνασαι. Τοῦτο οὖν ἄσκει, ὃ δύνασαι[1].

2. Κύριος ἑκάστου ἐστὶν, ὁ τῶν ὑπ' ἐκείνου θελομένων ἢ μὴ θελομένων ἔχων τὴν ἐξουσίαν, εἰς τὸ περιποιῆσαι ἢ ἀφελέσθαι. Ὅστις οὖν ἐλεύθερος εἶναι βούλεται, μήτε θελέτω τι, μήτε φευγέτω τι τῶν ἐπ' ἄλλοις· εἰ δὲ μὴ, δουλεύειν ἀνάγκη.

XV.

Μέμνησο, ὅτι ὡς ἐν συμποσίῳ σε δεῖ ἀναστρέφεσθαι. Περιφερόμενον γέγονέ τι κατὰ σέ; ἐκτείνας τὴν χεῖρα κοσμίως μετάλαβε. Παρέρχεται; μὴ κάτεχε. Οὔπω ἥκει; μὴ ἐπίβαλλε πόρρω τὴν ὄρεξιν, ἀλλὰ περίμενε μέχρις ἂν γένηται κατὰ σέ. Οὕτω πρὸς τέκνα, οὕτω πρὸς γυναῖκα[2], οὕτω πρὸς ἀρχὰς, οὕτω πρὸς πλοῦτον· καὶ ἔσῃ ποτὲ ἄξιος τῶν θεῶν συμπότης. Ἂν δὲ καὶ παρατεθέντων σοι μὴ λάβῃς, ἀλλ' ὑπερίδῃς, τότε οὐ μόνον συμπότης τῶν θεῶν ἔσῃ, ἀλλὰ καὶ συνάρχων· Οὕτω γὰρ ποιῶν Διογένης, καὶ Ἡράκλειτος[3], καὶ οἱ ὅμοιοι, ἀξίως θεοί τε ἦσαν καὶ ἐλέγοντο.

---

1. *Ne recherche jamais que ce qui est possible*, maxime très juste et très salutaire, sous cette forme, beaucoup plutôt que sous cette autre trop usitée dans Épictète : « Il faut vouloir ce qui arrive en effet. »

2. Remarquez ici combien il est vrai, malheureusement, que le stoïcisme assimile la femme et les enfants aux choses extérieures, aux biens du dehors. Le christianisme a singulièrement agrandi et complété la vie morale : l'homme ne vit pas seulement avec sa famille, il vit en elle et par elle, comme elle par lui.

3. Il s'agit, sans nul doute, du célèbre Diogène le Cynique, non de Diogène d'Apollonie, philosophe de la même école qu'Héraclite. — Héraclite d'Éphèse (environ 400 ans av. J. C.) appar-

ne jamais être trompé dans tes désirs, tu le peux : ne recherche jamais que ce qui est possible[1].

2. Le maître d'un homme, c'est celui qui tient sous sa dépendance les choses que cet homme veut comme celles qu'il ne veut pas, et qui peut à son gré les empêcher ou les produire. Que celui donc qui désire être libre ne recherche rien, ne fuie rien de ce qui dépend des autres ; sinon il sera fatalement esclave.

XV.

Souviens-toi que tu dois te comporter dans la vie comme dans un festin. Un plat qui circule s'approche de toi : étends la main et prends modérément. Il s'éloigne de toi : ne le retiens pas. Il tarde à venir : n'exprime pas de loin ton désir ; mais attends jusqu'à ce qu'il vienne à toi. Sois ainsi pour tes enfants, ainsi pour ta femme[2], ainsi pour le pouvoir, ainsi pour la richesse, et un jour tu seras digne du banquet des dieux. Que si, pouvant jouir de ces biens, tu les refuses et les dédaignes, alors ce ne sera pas seulement le banquet des dieux que tu partageras, ce sera leur souveraine puissance. C'est en agissant de la sorte que Diogène, Héraclite[3] et leurs pareils ont mérité d'être appelés ce qu'ils étaient en effet, des *hommes divins*.

---

tenait à l'école d'Ionie et plus particulièrement à cette fraction de l'école d'Ionie qu'on a appelée *école de Milet* ou *dynamiste*, et qui expliquait l'univers entier par le développement d'un principe unique, ce en quoi elle devançait l'école stoïcienne. Héraclite, surtout, avait plus de droits qu'aucun autre à être cité par Épictète : car, pour lui, le principe premier n'était ni l'eau, comme le jugeait Thalès, ni l'air, comme le voulait Anaximène, mais le feu, ce qui, par avance, se rapprochait encore plus de la physique des stoïciens. Ajoutons qu'il croyait aussi très fermement à la constance des lois générales. Enfin, il avait refusé, dit-on, de donner des lois à son pays : il se renfermait dans ses méditations solitaires, ce qui l'avait fait représenter comme un misanthrope. L'antiquité opposait toujours la tristesse d'Héraclite à la gaieté proverbiale de Démocrite.

XVI.

Ὅταν κλαίοντα ἴδῃς τινὰ ἐν πένθει, ἢ ἀποδημοῦντος τέκνου, ἢ ἀπολωλεκότα τὰ ἑαυτοῦ, πρόσεχε, μή σε ἡ φαντασία συναρπάσῃ, ὡς ἐν κακοῖς ὄντος αὐτοῦ τοῖς ἐκτός. Ἀλλ' εὐθὺς ἔστω πρόχειρον, ὅτι, Τοῦτον θλίβει οὐ τὸ συμβεβηκός· ἄλλον γὰρ οὐ θλίβει· ἀλλὰ τὸ δόγμα τὸ περὶ τούτου. Μέχρι μέν τοι λόγου, μὴ ὄκνει συμπεριφέρεσθαι αὐτῷ, κἂν οὕτω τύχῃ, καὶ συνεπιστενάξαι· πρόσεχε μέντοι, μὴ καὶ ἔσωθεν στενάξῃς[1].

XVII.

Μέμνησο, ὅτι ὑποκριτὴς εἶ δράματος, οἵου ἂν θέλῃ ὁ διδάσκαλος· ἂν βραχύ, βραχέος· ἂν μακρόν, μακροῦ. Ἂν πτωχὸν ὑποκρίνασθαί σε θέλῃ, ἵνα καὶ τοῦτον εὐφυῶς ὑποκρίνῃ· ἂν χωλόν, ἂν ἄρχοντα, ἂν ἰδιώτην. Σὸν γὰρ τοῦτ' ἔστι, τὸ δοθὲν ὑποκρίνασθαι πρόσωπον καλῶς· ἐκλέξασθαι δ' αὐτό, ἄλλου.

XVIII.

Κόραξ ὅταν μὴ αἴσιον κεκράγῃ, μὴ συναρπαζέτω σε ἡ φαντασία· ἀλλ' εὐθὺς διαίρει παρὰ σεαυτῷ, καὶ λέγε· ὅτι, Τούτων ἐμοὶ οὐδὲν ἐπισημαίνεται, ἀλλ' ἢ τῷ σωματίῳ μου, ἢ τῷ κτησειδίῳ μου, ἢ τῷ δοξαρίῳ μου, ἢ τοῖς τέκνοις, ἢ τῇ

---

1. Voyez ce que nous avons dit dans l'Introduction sur le genre de sympathie et de pitié propre aux stoïciens. Comparez les passages où les divers évangélistes ont recueilli les larmes de Jésus, les marques de compassion qu'il donne à la ville de Jérusalem, à la fille de Jaïre, à la multitude, son amour tout particulier pour son disciple saint Jean, et aussi son affection pour Lazare. Il n'a pas voulu, devant le tombeau de ce dernier

XVI.

Si tu vois un homme dans le chagrin, pleurant soit la mort de son fils, soit la perte de sa fortune, prends garde d'être la dupe de ton imagination et d'attribuer le malheur de cet homme à des événements extérieurs. Dis-toi bien vite : « Ce qui le trouble, ce n'est pas la chose en elle-même : car un autre n'en serait pas troublé ; mais bien l'opinion qu'il a sur elle. » Ne crains pas cependant d'accommoder tes discours à sa douleur, et même, s'il le faut, de gémir avec lui ; mais ne gémis qu'en paroles, et que ton âme ne partage point sa douleur¹.

XVII.

Souviens-toi que tu es comme un acteur, jouant le personnage qu'il a plu au maître de te donner. S'il te l'a donné court, joue-le court ; s'il te l'a donné long, joue-le long. S'il veut que tu joues le rôle d'un gueux, joue-le avec naturel. Que ce soit un rôle de boiteux, de magistrat, ou de simple particulier, fais de même : car c'est à toi de bien tenir le rôle qui t'est confié, et c'est à un autre de te le choisir.

XVIII.

Un corbeau a fait un croassement de mauvais augure : que ton imagination ne te trouble pas. Fais en toi-même un juste discernement des choses, et dis-toi : « Ceci ne peut rien présager pour moi-même, mais seulement pour ce misérable corps, ou pour mon bien, ou pour ma réputation, ou pour mes enfants, ou pour ma femme. Quant à moi, tout

---

donner l'exemple d'un détachement aussi complet que celui du stoïcien : « Jésus, voyant que Marie pleurait, et que les Juifs qui étaient venus avec elle pleuraient aussi, frémit en son esprit et se troubla lui-même. Et il leur dit : Où l'avez-vous mis ? Ils lui répondirent : Seigneur, venez et voyez. Alors Jésus pleura. Et les Juifs dirent entre e   ez comme il l'aimait. » (S. JEAN, XI.)

γυναικί. Ἐμοὶ δὲ πάντα αἴσια σημαίνεται, ἐὰν ἐγὼ θέλω· ὅ τι γὰρ ἂν τούτων ἀποβαίνῃ, ἐπ' ἐμοί ἐστιν ὠφεληθῆναι ἀπ' αὐτοῦ[1].

XIX.

1. Ἀνίκητος εἶναι δύνασαι, ἐὰν εἰς μηδένα ἀγῶνα καταβαίνῃς, ὃν οὐκ ἔστιν ἐπὶ σοὶ νικῆσαι.

2. Ὅρα μήποτε ἰδών τινα προτιμώμενον, ἢ μέγα δυνάμενον, ἢ ἄλλως εὐδοκιμοῦντα, μακαρίσῃς, ὑπὸ τῆς φαντασίας συναρπασθείς. Ἐὰν γὰρ ἐν τοῖς ἐφ' ἡμῖν ἡ οὐσία τοῦ ἀγαθοῦ ᾖ· οὔτε φθόνος, οὔτε ζηλοτυπία χώραν ἔχει· σύ τε αὐτὸς οὐ στρατηγὸς, οὐ πρύτανις, ἢ ὕπατος εἶναι θελήσεις, ἀλλ' ἐλεύθερος. Μία δὲ ὁδὸς πρὸς τοῦτο, καταφρόνησις τῶν οὐκ ἐφ' ἡμῖν.

XX.

Μέμνησο, ὅτι οὐχ ὁ λοιδορῶν, ἢ ὁ τύπτων, ὑβρίζει· ἀλλὰ τὸ δόγμα τὸ περὶ τούτων, ὡς ὑβριζόντων. Ὅταν οὖν ἐρεθίσῃ σέ τις, ἴσθι, ὅτι ἡ σὴ σε ὑπόληψις ἠρέθικε. Τοιγαροῦν ἐν πρώτοις πειρῶ, ὑπὸ τῆς φαντασίας μὴ συναρπασθῆναι· ἂν γὰρ ἅπαξ χρόνου καὶ διατριβῆς τύχῃς, ῥᾷον κρατήσεις σεαυτοῦ[2].

XXI.

Θάνατος, καὶ φυγὴ, καὶ πάντα τὰ δεινὰ φαινόμενα, πρὸ ὀφθαλμῶν ἔστω σοι καθ' ἡμέραν· μάλιστα δὲ πάντων ὁ θάνατος· καὶ οὐδὲν οὐδέποτε οὔτε ταπεινὸν ἐνθυμηθήσῃ, οὔτε ἄγαν ἐπιθυμήσεις τινός.

---

1. Notez que les stoïciens croyaient aux présages, comme aux augures et aux oracles; et cela, disaient-ils, au nom de la liaison universelle des choses et de la nécessité enchaînant chaque événement, chaque phénomène du Tout à tous les autres.

me présage du bonheur si je le veux, et, quel que soit celui de ces événements qui m'arrive, il dépend de moi d'en tirer avantage[1]. »

XIX.

1. Veux-tu être invincible, ne t'engage jamais dans un combat où il ne dépende pas de toi de remporter la victoire.

2. Si tu vois un homme comblé d'honneurs ou de puissance, ou renommé enfin pour quelque avantage que ce soit, ne va pas, dupé par les apparences, le proclamer heureux : car si le bien véritable est dans les choses qui dépendent de nous, il n'y a d'occasion ni pour la jalousie, ni pour l'envie. Et toi-même, tu ne voudras être ni général, ni sénateur, ni consul, mais libre ; or, il n'y a qu'un moyen de le devenir, c'est de mépriser tout ce qui ne dépend pas de nous.

XX.

Souviens-toi que ce ne sont ni les mauvaises paroles qu'on t'adresse ni les coups que tu reçois qui font que tu es outragé, mais bien l'idée où tu es qu'on t'outrage. Lors donc que quelqu'un t'a mis en colère, sache que c'est ton opinion à toi qui est la cause de la colère. Par conséquent défie-toi surtout des entraînements de ton imagination : car si une fois tu gagnes assez de temps pour leur opposer un délai, tu deviendras plus facilement maître de toi-même[2].

XXI.

Que la mort, l'exil et tout ce qui paraît terrible aux hommes soient chaque jour sous tes yeux, mais avant tout la mort : par ce moyen tu n'auras aucune basse pensée, et tu ne désireras rien avec trop d'ardeur.

---

2. Observation psychologique très fine et très utile à retenir.

XXII.

Εἰ φιλοσοφίας ἐπιθυμεῖς, παρασκευάζου αὐτόθεν, ὡς καταγελασθησόμενος, ὡς κατακμωκησομένων σου πολλῶν[1], ὡς ἐρούντων, ὅτι, Ἄφνω φιλόσοφος ἡμῖν ἐπανελήλυθε· καί, Πόθεν ἡμῖν αὕτη ἡ ὀφρύς; Σὺ δὲ ὀφρὺν μὲν μὴ σχῇς· τῶν δὲ βελτίστων σοι φαινομένων οὕτως ἔχου, ὡς ἀπὸ τοῦ Θεοῦ τεταγμένος εἰς ταύτην τὴν χώραν· μέμνησό τε, διότι, ἐὰν μὲν ἐμμείνῃς τοῖς αὐτοῖς, οἱ καταγελῶντές σου τὸ πρότερον, οὗτοί σε ὕστερον θαυμάσονται· ἐὰν δὲ ἡττηθῇς αὐτῶν, διπλοῦν προσλήψῃ καταγέλωτα.

XXIII.

Ἐάν ποτέ σοι γένηται ἔξω στραφῆναι, πρὸς τὸ βούλεσθαι ἀρέσαι τινί, ἴσθι, ὅτι ἀπώλεσας τὴν ἔνστασιν. Ἀρκοῦ οὖν, ἐν παντί, τῷ εἶναι φιλόσοφος. Εἰ δὲ καὶ δοκεῖν βούλει [τῳ εἶναι,] σαυτῷ φαίνου· καὶ ἱκανὸς ἔσῃ.

XXIV.

1. Οὗτοί σε οἱ διαλογισμοὶ μὴ θλιβέτωσαν· Ἄτιμος ἐγὼ βιώσομαι, καὶ οὐδεὶς οὐδαμοῦ. Εἰ γὰρ ἡ ἀτιμία ἐστὶ κακόν, οὐ δύναται ἐν κακῷ εἶναι δι' ἄλλον, οὐ μᾶλλον ἢ ἐν αἰσχρῷ. Μή τι οὖν σόν ἐστιν ἔργον, τὸ ἀρχῆς τυχεῖν, ἢ παραληφθῆναι ἐφ' ἑστίασιν; οὐδαμῶς. Πῶς οὖν ἔτι τοῦτ' ἐστιν ἀτιμία; πῶς δὲ οὐδεὶς οὐδαμοῦ ἔσῃ, ὃν ἐν μόνοις εἶναί τινα δεῖ τοῖς ἐπὶ σοί, ἐν οἷς ἔξεστί σοι εἶναι πλείστου ἀξίῳ;

2. Ἀλλά σοι οἱ φίλοι ἀβοήθητοι ἔσονται. Τί λέγεις τὸ ἀβοήθητοι; οὐχ ἕξουσι παρὰ σοῦ κερμάτιον, οὐδὲ πολίτας Ῥωμαίων αὐτοὺς ποιήσεις; τίς οὖν σοι εἶπεν, ὅτι ταῦτα τῶν

---

1. Ainsi, pour Épictète, la philosophie est comme une pro-

XXII.

Tu es épris de la philosophie ? Prépare-toi donc à essuyer les sifflets et les railleries de la multitude[1], qui dira : « Celui-ci nous est revenu bien vite philosophe ; » ou encore : « D'où lui vient ce hautain sourcil ? » Toi, cependant, ne montre aucun orgueil ; mais tiens-toi fermement à tout ce qui te paraît le meilleur ; restes-y attaché comme à un poste désigné par Dieu lui-même. Souviens-toi que si tu persévères, ceux qui ont commencé par te railler t'admireront bientôt ; tandis que si tu faiblis, tu seras exposé doublement à leurs quolibets.

XXIII.

S'il t'arrive jamais de te tourner vers les choses du dehors et de vouloir plaire à qui que ce soit, sache-le, l'entreprise que tu tentais est manquée. En toute chose contente-toi donc d'être philosophe ; si tu veux encore le paraître, parais-le donc à tes propres yeux, et que cela te suffise.

XXIV.

1. Ne te trouble pas l'esprit de tous ces raisonnements : « Je vivrai sans honneur ; on ne fera nul cas de moi. » Car si le déshonneur est un mal, il n'est pas plus en la puissance d'un autre de te faire malheureux que de te faire vicieux. Est-ce qu'il dépend de toi d'exercer le pouvoir ou d'être admis dans un festin ? Nullement. Comment pourrait-il donc y avoir là matière à déshonneur ? Et comment ne serais-tu rien dans le monde, toi qui ne dois être quelque chose que dans ce qui dépend de toi, que dans ce en quoi tu peux être autant que tu le désires ?

2. « Mais tes amis, dis-tu, resteront sans aide de ta part. » Qu'appelles-tu sans aide ? Tu ne leur donneras aucun argent ? Tu ne les feras pas devenir citoyens romains ? Mais

---

fession, presque un sacerdoce. La foule ne peut même entrer en partage de la sagesse.

ἐφ' ἡμῖν ἐστιν, οὐχὶ δὲ ἀλλότρια ἔργα; τίς δὲ δοῦναι δύναται ἑτέρῳ ἃ μὴ ἔχει αὐτός; Κτῆσαι οὖν, φησίν, ἵνα ἡμεῖς ἔχωμεν.

3. Εἰ δύναμαι κτήσασθαι, τηρῶν ἐμαυτὸν αἰδήμονα καὶ πιστὸν καὶ μεγαλόφρονα, δείκνυε τὴν ὁδὸν, καὶ κτήσομαι. Εἰ δ' ἐμὲ ἀξιοῦτε τὰ ἀγαθὰ τὰ ἐμαυτοῦ ἀπολέσαι, ἵνα ὑμεῖς τὰ μὴ ἀγαθὰ περιποιήσησθε· ὁρᾶτε ὑμεῖς, ὡς ἄνισοί ἐστε, καὶ ἀγνώμονες. Τί δὲ καὶ βούλεσθε μᾶλλον; ἀργύριον, ἢ φίλον πιστὸν καὶ αἰδήμονα; εἰς τοῦτο οὖν μοι μᾶλλον συλλαμβάνετε· καὶ μὴ, δι' ὧν ἀποβαλῶ αὐτὰ ταῦτα, ἐκεῖνά με πράσσειν ἀξιοῦτε.

4. Ἀλλ' ἡ πατρὶς, ὅσον ἐπ' ἐμοὶ, φησίν, ἀβοήθητος ἔσται. Πάλιν, ποίαν καὶ ταύτην βοήθειαν; στοὰς οὐχ ἕξει διὰ σὲ, οὔτε βαλανεῖα. Καὶ τί τοῦτο; οὐδὲ γὰρ ὑποδήματα ἔχει διὰ τὸν χαλκέα, οὐδ' ὅπλα διὰ τὸν σκυτέα· ἱκανὸν δὲ, ἐὰν ἕκαστος ἐκπληρώσῃ τὸ ἑαυτοῦ ἔργον. Εἰ δὲ ἄλλον τινὰ αὐτῇ κατεσκεύαζες πολίτην πιστὸν καὶ αἰδήμονα, οὐδὲν ἂν αὐτὴν ὠφέλεις; Ναί. Οὐκοῦν οὐδὲ σὺ αὐτὸς ἀνωφελὴς ἂν εἴης αὐτῇ.

5. Τίνα οὖν ἕξω, φησί, χώραν ἐν τῇ πόλει; Ἣν ἂν δύνῃ, φυλάττων ἅμα τὸν πιστὸν καὶ αἰδήμονα. Εἰ δὲ, ἐκείνην ὠφελεῖν βουλόμενος, ἀποβαλεῖς ταῦτα· τί ὄφελος ἂν αὐτῇ γένοιο, ἀναιδὴς καὶ ἄπιστος ἀποτελεσθείς;

XXV.

1. Προετιμήθη σου τις ἐν ἑστιάσει, ἢ ἐν προσαγορεύσει, ἢ ἐν τῷ παραληφθῆναι εἰς συμβουλίαν; εἰ μὲν ἀγαθὰ ταῦτά ἐστι, χαίρειν σε δεῖ, ὅτι ἔτυχεν αὐτῶν ἐκεῖνος· εἰ δὲ κακὰ, μὴ ἄχθου, ὅτι σὺ αὐτῶν οὐκ ἔτυχες· μέμνησο δὲ, ὅτι οὐ δύνασαι, μὴ ταὐτὰ ποιῶν πρὸς τὸ τυγχάνειν τῶν οὐκ ἐφ' ἡμῖν, τῶν ἴσων ἀξιοῦσθαί.

2. Πῶς γὰρ ἴσον ἔχειν δύναται ὁ μὴ φοιτῶν ἐπὶ θύρας τινὸς τῷ φοιτῶντι; ὁ μὴ παραπέμπων τῷ παραπέμποντι; ὁ μὴ ἐπαινῶν τῷ ἐπαινοῦντι; Ἄδικος οὖν ἔσῃ καὶ ἄπληστος,

qui donc t'a dit que ces biens dépendissent de nous et ne nous fussent pas étrangers? Or, qui peut donner aux autres ce qu'il n'a pas soi-même? Ils te disent: « Amasse du bien pour que nous aussi nous en ayons. » [Réponds-leur:]

3. « Si je puis en acquérir tout en conservant l'honneur, la bonne foi, la magnanimité, qu'on m'indique la route à suivre, j'y arriverai. Mais si vous voulez que je perde de vrais biens pour vous en faire acquérir de faux, voyez à quel point vous êtes iniques et déraisonnables. Que préférez-vous: de l'argent ou un ami fidèle et honnête? Aidez-moi donc plutôt à rester cet ami-là et ne me demandez pas ce qui me ferait cesser de l'être. »

4. « Mais, diras-tu encore, je priverai, autant qu'il est en moi, ma patrie de mes services! » Encore une fois, de quels services? Sans doute, elle n'aura de toi ni portiques ni bains. Eh bien! ce ne sont assurément pas les forgerons qui lui donnent des souliers, ni les cordonniers des armes. Il suffit que chacun fasse bien son métier. Et si tu lui fournissais quelque autre citoyen sûr et honorable, ne lui aurais-tu donc rendu aucun service? Tant s'en faut! Donc, toi aussi, tu peux lui rendre des services.

5. « Mais, dis-tu, quelle place aurai-je dans la cité? Celle que tu pourras obtenir sans rien perdre de ta bonne foi, de ton honnêteté. Si, pour vouloir servir ta patrie, tu perdais ta vertu, de quoi lui servirais-tu donc une fois devenu impudent et perfide?

XXV.

1. Un tel a été mieux placé que toi dans un festin, ou salué avant toi, ou appelé de préférence à toi dans un conseil. Si ce sont là des biens, félicite celui auquel ils arrivent. Si ce sont des maux, ne te plains pas qu'ils soient tombés sur un autre. Mais souviens-toi que si, pour obtenir ces distinctions qui ne dépendent pas de toi, tu ne fais pas ce que les autres font, tu ne peux y avoir le même droit qu'eux.

2. Comment reconnaître le même droit à celui qui ne fréquente pas la porte d'un homme et à celui qui la fréquente? à celui qui ne l'a jamais escorté et à celui qui l'escorte? à celui qui ne l'a jamais loué, et à celui qui le loue constamment? Tu serais un injuste et un insatiable,

εἰ, μὴ προϊέμενος ταῦτα, ἀνθ' ὧν ἐκεῖνα πιπράσκεται, προῖκα αὐτὰ βουλήσῃ λαμβάνειν.

3. Ἀλλὰ πόσου πιπράσκονται θρίδακες; ὀβολοῦ, ἂν οὕτω τύχῃ. Ἂν οὖν τις, προέμενος τὸν ὀβολὸν λάβῃ θρίδακας, σὺ δὲ, μὴ προέμενος, μὴ λάβῃς· μὴ οἴου ἔλαττον ἔχειν τοῦ λαβόντος. Ὡς γὰρ ἐκεῖνος ἔχει θρίδακας, οὕτω σὺ τὸν ὀβολὸν, ὃν οὐκ ἔδωκας.

4. Τὸν αὐτὸν δὴ τρόπον καὶ ἐνταῦθα. Οὐ παρεκλήθης ἐφ' ἑστίασίν τινος; οὐ γὰρ ἔδωκας τῷ καλοῦντι, ὅσου πωλεῖ τὸ δεῖπνον· ἐπαίνου δ' αὐτὸ πωλεῖ, θεραπείας πωλεῖ. Δὸς οὖν τὸ διάφορον, εἴ σοι λυσιτελεῖ, ὅσου πωλεῖται. Εἰ δὲ κἀκεῖνα θέλεις μὴ προΐεσθαι, καὶ ταῦτα λαμβάνειν, ἄπληστος εἶ, καὶ ἀβέλτερος.

5. Οὐδὲν οὖν ἔχεις ἀντὶ τοῦ δείπνου; ἔχεις μὲν οὖν, τὸ μὴ ἐπαινέσαι τοῦτον, ὃν οὐκ ἤθελες· τὸ μὴ ἀνασχέσθαι αὐτοῦ τῶν ἐπὶ τῆς εἰσόδου[1].

XXVI.

Τὸ βούλημα τῆς φύσεως καταμαθεῖν ἐστιν ἐξ ὧν οὐ διαφερόμεθα πρὸς ἀλλήλους. Οἷον· ὅταν ἄλλου παιδάριον κατεάξῃ τὸ ποτήριον, πρόχειρον εὐθὺς λέγειν, ὅτι, Τῶν γινομένων ἐστίν. Ἴσθι οὖν, ὅτι, ὅταν καὶ τὸ σὸν κατεαγῇ, τοιοῦτον εἶναί σε δεῖ, ὁποῖον ὅτε καὶ τὸ τοῦ ἄλλου κατεάγη. Οὕτω μετατίθει καὶ ἐπὶ τὰ μείζονα. Τέκνον ἄλλου τέθνηκεν, ἢ γυνή; οὐδείς ἐστιν, ὃς οὐκ ἂν εἴποι, ὅτι, Ἀνθρώπινον. Ἀλλ', ὅταν τὸ αὐτοῦ τινος ἀποθάνῃ, εὐθὺς, Οἴμοι, τάλας

---

1. C'est dans de pareils sujets, quand il s'agit des rapports de l'homme avec l'homme et de la dignité que le faible doit con-

si, ne donnant pas le prix auquel ces faveurs se vendent, tu prétendais les recevoir gratis.

3. Combien se vendent les laitues ? Une obole, je suppose. Eh bien ! quelqu'un donne son obole, il emporte les laitues. Toi qui, n'ayant rien donné, n'as rien reçu, crois-tu donc avoir moins que celui qui vient d'acheter ? Mais si lui a ses laitues, toi tu as encore ton obole, puisque tu ne l'as pas donnée.

4. Or, tout à l'heure, le cas était le même. Un tel ne t'a pas invité à son festin : aussi n'as-tu pas donné le prix auquel cet homme vend son festin : car il le vend contre des louanges, contre des complaisances et des services. Si tu trouves le marché avantageux, paye donc le prix qu'on te demande ; mais si tu veux recevoir une chose et ne point en donner une autre en échange, tu es un insatiable et un homme déraisonnable.

5. D'ailleurs, crois-tu donc ne rien avoir en place de ce festin ? Tu as le bonheur de ne pas louer celui que tu ne jugeais pas digne de tes éloges, et de ne pas avoir à supporter les insolences de ses portiers[1].

XXVI.

C'est dans les choses où nous sommes tous d'accord que la nature nous parle le plus clairement et se fait le mieux connaître à nous. Ainsi, que l'esclave de ton voisin lui ait brisé un vase, tu dis aussitôt que c'est là un accident très commun. Si donc ce même accident arrive dans ta maison, tu dois être exactement ce que tu étais quand il arriva dans la maison de ton voisin. Applique la même maxime à des événements de plus d'importance. Qu'un autre homme perde sa femme ou son fils, il n'est personne qui ne lui dise : « C'est là le sort commun de l'humanité. » Et lorsqu'on perd un des siens, on s'écrie aussitôt : « Hélas ! que

---

server en face de plus forts que lui ; que le stoïcisme apparaît dans tout ce qu'il a de grand. Rien, d'ailleurs, ne surpasse la verve et l'ironie profonde et sensée de ces dernières maximes,

ἐγώ. Ἐχρῆν δὲ μεμνῆσθαι, τί πάσχομεν, περὶ ἄλλων αὐτὸ ἀκούσαντες¹.

XXVII.

Ὥσπερ σκοπὸς πρὸς τὸ ἀποτυχεῖν οὐ τίθεται· οὕτως οὐδὲ κακοῦ φύσις ἐν κόσμῳ γίνεται².

XXVIII.

Εἰ μὲν τὸ σῶμά σου τις ἐπέτρεπε τῷ ἀπαντήσαντι, ἠγανάκτεις ἄν. Ὅτι δὲ σὺ τὴν γνώμην τὴν σεαυτοῦ ἐπιτρέπεις τῷ τυχόντι, ἵνα, ἐὰν λοιδορήσηταί σοι, ταραχθῇ ἐκείνη καὶ συγχυθῇ, οὐκ αἰσχύνῃ τούτου ἕνεκα;

XXIX.

1. Ἑκάστου ἔργου σκόπει τὰ καθηγούμενα, καὶ τὰ ἀκόλουθα αὐτοῦ· καὶ οὕτως ἔρχου ἐπ' αὐτό. Εἰ δὲ μή, τὴν μὲν πρώτην προθύμως ἥξεις, ἅτε μηδὲν τῶν ἑξῆς ἐντεθυμημένος· ὕστερον δέ, ἀναφανέντων δυσχερῶν τίνων, αἰσχρῶς ἀποστήσῃ.

2. Θέλεις Ὀλύμπια νικῆσαι; Κἀγώ, νὴ τοὺς θεούς· κομψὸν γάρ ἐστιν. Ἀλλὰ σκόπει τὰ καθηγούμενα, καὶ τὰ ἀκόλουθα· καὶ οὕτως ἅπτου τοῦ ἔργου. Δεῖ σ' εὐτακτεῖν, ἀναγκοτροφεῖν, ἀπέχεσθαι πεμμάτων, γυμνάζεσθαι πρὸς

---

1. Le passage est un peu obscur. Voici la suite des idées sous-entendues : Quand les hommes sont tous d'accord, c'est qu'ils sont d'accord avec la nature, et, par conséquent, dans le vrai. Ce sont les opinions particulières à tel ou tel, et contraires à celles du reste des hommes, qui ont le plus de chance d'être fausses. Or, tous les hommes s'accordent pour dire qu'un malheur quelconque est supportable. Celui-là seul a une opinion différente qui est personnellement, particulièrement intéressé dans le malheur. Et quand ce même malheur tombe sur un autre, ce même homme trouve tolérable l'infortune dont tout à l'heure il se trouvait accablé. Donc, celui qui juge son malheur

je suis malheureux! » Il fallait se souvenir de ce qu'on ressentait lorsqu'il s'agissait du malheur d'autrui [1].

XXVII.

De même qu'on ne pose pas un but pour ne pas l'atteindre, de même le mal n'existe pas dans le monde [2].

XXVIII.

Si quelqu'un livrait ton corps au premier venu, tu en serais indigné! Et toi-même pourtant tu livres ton âme : car tu permets au premier qui t'injurie de la jeter dans le trouble et la confusion. Et tu n'en rougis pas?

XXIX.

1. En toute chose, ne te mets à l'œuvre qu'après avoir bien considéré ce qui doit précéder et ce qui doit suivre l'action que tu projettes ; autrement tu commenceras sans doute gaiement ton entreprise, n'en prévoyant pas les suites ; mais bientôt tout ce qu'elle peut avoir de fâcheux t'apparaîtra, et tu rebrousseras chemin honteusement.

2. Tu veux vaincre aux jeux olympiques? Et moi aussi, par les dieux : car c'est un noble triomphe! Mais considère d'abord ce qui précède et ce qui suit pareille entreprise. Il te faut te soumettre à une discipline et à une règle, même en ce qui concerne tes repas, t'abstenir de toute friandise,

---

insupportable émet une opinion qui lui est alors toute particulière, qu'il ne professe qu'en ce moment. Il est en désaccord avec les autres hommes et avec lui-même. Donc, il est dans le faux.

2. Cette maxime ne prouve-t-elle pas, à elle seule, le panthéisme d'Épictète? Elle implique, en effet, que celui qui a posé le but, c'est-à-dire Dieu, est aussi celui qui le vise et qui l'atteint; que l'homme ne peut dévier dans sa marche vers un but qu'il ne poursuit pas librement, mais qu'il est plus ou moins vite entraîné vers ce but par la force divine qui meut tout, ou, plus exactement, dans le sens stoïcien, qui est tout.

ἀνάγκην, ἐν ὥρᾳ τεταγμένῃ, ἐν καύματι, ἐν ψύχει· μὴ ψυχρὸν πίνειν· μὴ οἶνον, ὡς ἔτυχεν· ἁπλῶς, ὡς ἰατρῷ παραδεδωκέναι σεαυτὸν τῷ ἐπιστάτῃ. Εἶτα, ἐν τῷ ἀγῶνι, πκρορύσσεσθαι, ἔστι δὲ ὅτε χεῖρα ἐκβαλεῖν, σφυρὸν στρέψαι, πολλὴν ἀφὴν καταπιεῖν, ἔσθ' ὅτε μαστιγωθῆναι, καὶ μετὰ τούτων πάντων νικηθῆναι.

3. Ταῦτα ἐπισκεψάμενος, ἂν ἔτι θέλῃς, ἔρχου ἐπὶ τὸ ἀθλεῖν. Εἰ δὲ μή, ὡς τὰ παιδία ἀναστραφήσῃ, ἃ νῦν μὲν παλαιστὰς παίζει, νῦν δὲ μονομάχους, νῦν δὲ σαλπίζει, εἶτα τραγῳδεῖ· οὕτω καὶ σύ, νῦν μὲν ἀθλητής, νῦν δὲ μονομάχος, εἶτα ῥήτωρ, εἶτα φιλόσοφος, ὅλῃ δὲ τῇ ψυχῇ οὐδέν· Ἀλλ', ὡς πίθηκος, πᾶσαν θέαν, ἣν ἂν ἴδῃς, μιμῇ, καὶ ἄλλο ἐξ ἄλλου σοι ἀρέσκει. Οὐ γὰρ μετὰ σκέψεως ἦλθες ἐπί τι, οὐδὲ περιοδεύσας· ἀλλ' εἰκῇ, καὶ κατὰ ψυχρὰν ἐπιθυμίαν.

4. Οὕτω θεασάμενοί τινες φιλόσοφον, καὶ ἀκούσαντες οὕτω τινὸς λέγοντος ὡς Εὐφράτης [1] λέγει (καίτοι τις οὕτω δύναται εἰπεῖν ὡς ἐκεῖνος;) θέλουσι καὶ αὐτοὶ φιλοσοφεῖν.

5. Ἄνθρωπε, πρῶτον ἐπίσκεψαι, ὁποῖόν ἐστι τὸ πρᾶγμα· εἶτα καὶ τὴν σεαυτοῦ φύσιν κατάμαθε, εἰ δύνασαι βαστάσαι· Πένταθλος [2] εἶναι βούλει, ἢ παλαιστής; Ἴδε σεαυτοῦ τοὺς βραχίονας, τοὺς μηρούς, τὴν ὀσφὺν κατάμαθε. Ἄλλος γὰρ πρὸς ἄλλο πέφυκε.

6. Δοκεῖς, ὅτι ταῦτα ποιῶν, ὡσαύτως δύνασαι ἐσθίειν ὡσαύτως πίνειν, ὁμοίως ὀρέγεσθαι, ὁμοίως δυσχρεστεῖν, ἀγρυπνῆσαι δεῖ, πονῆσαι, ἀπὸ τῶν οἰκείων ἀπελθεῖν, ὑπὸ παιδαρίου καταφρονηθῆναι, ὑπὸ τῶν ἀπαντώντων κατα-

---

1. Philosophe stoïcien dont Épictète avait probablement écouté les leçons. Euphrate était l'ami de Pline le Jeune, qui fait de lui (*Lettres* I, 10) un magnifique éloge. Il vécut aussi dans l'intimité de l'empereur Adrien. Parvenu à un âge très avancé et atteint d'une maladie incurable, il obtint du prince la permission de quitter la vie en s'empoisonnant.

faire des exercices, bon gré mal gré, aux heures fixées, par la chaleur comme par le froid ; ne pas boire frais, ne pas boire de vin chaque fois qu'il te plaît ; en un mot, te livrer sans réserve au maître de gymnase comme au médecin. Ce n'est pas tout : attends-toi dans la lutte à être enseveli sous le sable de l'arène, à te démettre peut-être la main, à te tourner le pied, à avaler des flots de poussière, peut-être encore à être rompu de coups, et finalement, après avoir tout souffert, à être vaincu.

3. Tu as bien tout examiné ? Alors, si cela te convient, travaille à devenir athlète. Mais si tu agis sans réflexion, tu changeras comme les enfants qui jouent tour à tour aux lutteurs, aux gladiateurs, aux joueurs de flûte, et ensuite font les tragédiens. Ainsi, toi, tu es athlète aujourd'hui, gladiateur demain, puis orateur et enfin philosophe ; ou plutôt, en réalité, tu n'es rien. Comme un singe, tu imites successivement tout ce qui se fait sous tes yeux, un objet te plaisant après l'autre : car tu n'as jamais rien entrepris avec réflexion ni après complet examen ; tu as toujours agi au hasard, entraîné par de vains désirs.

4. Ainsi, pour avoir vu un philosophe ou pour avoir entendu quelqu'un parler comme Euphrate[1] (si toutefois il en est qui puissent parler comme celui-là), il y a des gens qui forment immédiatement le projet de devenir eux-mêmes philosophes.

5. O homme ! considère d'abord en elles-mêmes les choses que tu médites ; puis étudie ta propre nature et demande-toi ce dont tu es capable. Tu veux être pentathle[2] ou lutteur ? Examine tes bras et tes cuisses, assure-toi de la force de tes reins : car la nature nous a donné aux uns une aptitude, aux autres une autre.

6. Crois-tu que tu puisses pratiquer toutes ces maximes, et cependant continuer à manger et à boire comme par le passé, t'abandonner aux mêmes désirs et avoir toujours autant d'humeur ? Il te faut veiller, travailler, t'éloigner des tiens, souffrir les mépris d'un esclave et les railleries

---

2. On appelait *pentathle* celui qui se formait aux cinq exercices : le saut, la course, le palet, le javelot et la lutte.

γελασθῆναι, ἐν παντὶ ἧττον ἔχειν, ἐν τιμῇ, ἐν ἀρχῇ, ἐν δίκῃ, ἐν πραγματίῳ παντί.

7. Ταῦτα ἐπίσκεψαι· εἰ θέλεις ἀντικαταλλάξασθαι τούτων ἀπάθειαν, ἐλευθερίαν, ἀταραξίαν. Εἰ δὲ μή, μὴ προςάγαγε· μὴ, ὡς τὰ παιδία, νῦν φιλόσοφος, ὕστερον δὲ τελώνης, εἶτα ῥήτωρ, εἶτα ἐπίτροπος Καίσαρος. Ταῦτα οὐ συμφωνεῖ. Ἕνα σε δεῖ ἄνθρωπον, ἢ ἀγαθὸν, ἢ κακὸν, εἶναι· ἢ τὸ ἡγεμονικόν σε δεῖ ἐξεργάζεσθαι τὸ σαυτοῦ, ἢ τὰ ἐκτός· ἢ περὶ τὰ ἔσω φιλοτεχνεῖν, ἢ περὶ τὰ ἔξω· τοῦτ' ἔστιν, ἢ φιλοσόφου τάξιν ἐπέχειν, ἢ ἰδιώτου.

XXX.

Τὰ καθήκοντα ὡς ἐπίπαν ταῖς σχέσεσι παραμετρεῖται. Πατήρ ἐστιν· ὑπαγορεύεται, ἐπιμελεῖσθαι, παραχωρεῖν ἁπάντων, ἀνέχεσθαι λοιδοροῦντος, παίοντος. Ἀλλὰ πατὴρ κακός ἐστι. Μή τι οὖν πρὸς ἀγαθὸν πατέρα φύσει ᾠκειώθης; ἀλλὰ πρὸς πατέρα. Ὁ ἀδελφὸς ἀδικεῖ. Τήρει τοιγαροῦν τὴν τάξιν τὴν σεαυτοῦ πρὸς αὐτόν· μηδὲ σκόπει, τί ἐκεῖνος ποιεῖ, ἀλλὰ, τί σοὶ ποιήσαντι κατὰ φύσιν ἡ σὴ ἕξει προαίρεσις. Σὲ γὰρ ἄλλος οὐ βλάψει, ἂν μὴ σὺ θέλῃς. Τότε δὲ ἔσῃ βεβλαμμένος, ὅταν ὑπολάβῃς βλάπτεσθαι. Οὕτως οὖν ἀπὸ τοῦ γείτονος, ἀπὸ τοῦ πολίτου, ἀπὸ τοῦ στρατηγοῦ, τὸ καθῆκον εὑρήσεις, ἐὰν τὰς σχέσεις ἐθίζῃ θεωρεῖν.

XXXI.

1. Τῆς περὶ τοὺς θεοὺς εὐσεβείας ἴσθι ὅτι τὸ κυριώτατον ἐκεῖνό ἐστιν, ὀρθὰς ὑπολήψεις περὶ αὐτῶν ἔχειν, ὡς ὄντων, καὶ διοικούντων τὰ ὅλα καλῶς καὶ δικαίως· καὶ σαυτὸν εἰς τοῦτο κατατεταχέναι, τὸ πείθεσθαι αὐτοῖς, καὶ εἴκειν πᾶσι τοῖς γινομένοις, καὶ ἀκολουθεῖν ἑκόντα, ὡς ὑπὸ τῆς ἀρίστης

du premier venu, céder toujours la place aux autres dans les honneurs, dans le pouvoir, dans la justice, en toute chose enfin.

7. Penses-y bien. Vois si tu veux acheter à ce prix le calme, la liberté, le repos de l'âme. Autrement, renonce à ton projet. Ne t'en va pas faire comme les enfants, philosophe aujourd'hui, demain fermier des impôts, puis orateur, et ensuite intendant de César. Tout cela ne s'accorde pas. Il faut que tu ne sois qu'un seul homme, ou bon ou mauvais ; que tu l'appliques ou au gouvernement de toi-même ou aux choses du dehors ; que tu recherches les biens intérieurs ou les biens extérieurs ; en un mot, que tu sois ou un philosophe ou un homme du commun.

XXX.

Les devoirs se mesurent surtout à la nature des personnes et à leurs situations respectives. Or, cet homme, c'est ton père. Il t'est commandé d'avoir soin de lui, de lui céder en tout, de supporter ses réprimandes et ses mauvais traitements. « Mais c'est un mauvais père ! » Est-ce donc que la nature n'a voulu t'unir qu'à un bon père ? elle a voulu t'unir à un père. Ton frère t'a fait une injustice : observe le rapport qui doit exister entre lui et toi. Ne te demande pas ce qu'il a fait, mais ce que tu as à faire pour que ta volonté soit conforme à la nature. Nul ne peut te léser si tu ne le veux : car tu ne seras jamais lésé que lorsque tu croiras l'être. Tu trouveras de même quels sont tes devoirs envers ton voisin, envers ton concitoyen, envers ton général, si tu t'habitues à considérer ce que ces hommes sont par rapport à toi.

XXXI.

1. Sache que la piété envers les dieux consiste avant tout à concevoir d'eux de justes opinions, par exemple, à croire qu'ils existent et qu'ils gouvernent toutes choses avec un ordre et une justice admirables, à être persuadé que tu dois leur obéir et te plier sans murmure à tout ce qui arrive, parce que tout est réglé par une pensée souveraine-

γνώμης ἐπιτελουμένοις¹. Οὕτω γὰρ οὐ μέμψῃ ποτὲ τοὺς θεούς, οὔτε ἐγκαλέσεις, ὡς ἀμελούμενος.

2. Ἄλλως δὲ οὐχ οἷόν τε τοῦτο γίνεσθαι, ἐὰν μὴ ἄρῃς ἀπὸ τῶν οὐκ ἐφ' ἡμῖν, καὶ ἐν τοῖς ἐφ' ἡμῖν μόνοις θῇς τὸ ἀγαθὸν καὶ τὸ κακόν. Ὡς, ἄν γέ τι ἐκείνων ὑπολάβῃς ἀγαθὸν ἢ κακόν, πᾶσα ἀνάγκη, ὅταν ἀποτυγχάνῃς ὧν θέλεις, καὶ περιπίπτῃς οἷς μὴ θέλεις, μέμψασθαί σε καὶ μισεῖν τοὺς αἰτίους.

3. Πέφυκε γὰρ πρὸς τοῦτο πᾶν ζῶον, τὰ μὲν βλαβερὰ φαινόμενα, καὶ τὰ αἴτια αὐτῶν, φεύγειν καὶ ἐκτρέπεσθαι· τὰ δὲ ὠφέλιμα, καὶ τὰ αἴτια αὐτῶν, μετιέναι τε καὶ τεθηπέναι. Ἀμήχανον οὖν, βλάπτεσθαί τινα οἰόμενον χαίρειν τῷ δοκοῦντι βλάπτειν· ὥςπερ καὶ τὸ αὐτῇ τῇ βλάβῃ χαίρειν ἀδύνατον.

4. Ἔνθεν καὶ πατὴρ ὑπὸ υἱοῦ λοιδορεῖται, ὅταν τῶν δοκούντων ἀγαθῶν εἶναι τῷ παιδὶ μὴ μεταδιδῷ. Καὶ Πολυνείκην καὶ Ἐτεοκλέα τοῦτ' ἐποίησε πολεμίους ἀλλήλοις, τὸ, ἀγαθὸν οἴεσθαι τὴν τυραννίδα. Διὰ τοῦτο καὶ ὁ γεωργὸς λοιδορεῖ τοὺς θεούς, διὰ τοῦτο ὁ ναύτης, διὰ τοῦτο ὁ ἔμπορος, διὰ τοῦτο οἱ τὰς γυναῖκας καὶ τὰ τέκνα ἀπολλύντες. Ὅπου γὰρ τὸ συμφέρον, ἐκεῖ καὶ τὸ εὐσεβές². Ὥστε, ὅστις ἐπιμελεῖται τοῦ ὀρέγεσθαι ὡς δεῖ, καὶ ἐκκλίνειν, ἐν τῷ αὐτῷ καὶ εὐσεβείας ἐπιμελεῖται.

5. Σπένδειν δέ, καὶ θύειν, καὶ ἀπάρχεσθαι κατὰ τὰ πάτρια, ἑκάστοτε προςήκει καθαρῶς, καὶ μὴ ἐπισεσυρμένως, μηδὲ ἀμελῶς, μηδέ γε γλίσχρως, μηδὲ ὑπὲρ δύναμιν.

---

1. Comparez le célèbre passage de Lucrèce :
    Nec pietas ulla est velatum sæpe videri
    Vertier ad lapidem....
    Sed mage pacata posse omnia mente tueri....

ment sage[1]. De cette manière, tu ne te plaindras jamais des dieux ; tu ne les accuseras pas de n'avoir pas souci de toi.

2. Mais tu ne peux en venir là que si, regardant comme indifférentes les choses qui ne dépendent pas de toi, tu juges ou bonnes ou mauvaises celles-là seulement qui dépendent de toi. Car si tu prends quelqu'une des premières pour un bien ou pour un mal, il est de toute nécessité que, frustré de ce que tu désires et frappé de ce que tu craignais, tu n'accuses et ne haïsses les auteurs de tout ce qui arrive.

3. En effet, tout animal a reçu de la nature une disposition, d'abord à fuir et à éviter toutes les choses qui lui paraissent nuisibles, et tout ce qui peut amener ces choses mêmes, puis à rechercher et à aimer tout ce qui lui est agréable et tout ce qui peut lui procurer du plaisir. Il est donc impossible que celui qui se croit lésé aime celui qui lui paraît être l'auteur de son dommage, pas plus qu'il n'aime son dommage même.

4. C'est là ce qui fait qu'un enfant s'emporte même contre son père, quand il n'obtient pas de lui quelqu'une des choses qui passent pour des biens. De là venait l'inimitié de Polynice et d'Étéocle : car ne vint-elle pas de ce qu'ils regardaient tous les deux la tyrannie comme un bien ? De là les rumeurs, les plaintes que nous entendons élever contre les dieux par le laboureur, par le matelot, par le marchand, par tous ceux qui ont perdu leurs enfants ou leur femme : car là où est l'intérêt, là est la piété[2]. Celui donc qui s'applique à régler convenablement ses désirs et ses aversions travaille par cela même à perfectionner sa piété.

5. Pour les libations, les sacrifices, les prémices aux dieux, il faut les offrir suivant les coutumes de son pays, avec un cœur pur, sans retard et sans négligence, sans avarice et sans dépasser ses moyens.

---

2. Épictète veut dire qu'en fait les hommes subordonnent leur piété à leurs intérêts. Ne peut-on comparer ce passage au verset de l'Évangile (S. Matthieu, vi, 21): « Là où est votre trésor, là est aussi votre cœur. »

XXXII.

1. Ὅταν μαντικῇ προσίῃς¹, μέμνησο, ὅτι, τί μὲν ἀποβήσεται, οὐκ οἶδας ἀλλὰ ἥκεις ὡς παρὰ τοῦ μάντεως αὐτὸ πευσόμενος· ὁποῖον δέ τι ἐστίν, ἐλήλυθας εἰδώς, εἴπερ εἶ φιλόσοφος. Εἰ γὰρ ἔστι τι τῶν οὐκ ἐφ' ἡμῖν, πᾶσα ἀνάγκη, μήτε ἀγαθὸν αὐτὸ εἶναι, μήτε κακόν.

2. Μὴ φέρε οὖν πρὸς τὸν μάντιν ὄρεξιν ἢ ἔκκλισιν· μηδὲ τρέμων αὐτῷ πρόσει, ἀλλὰ διεγνωκώς, ὅτι πᾶν τὸ ἀποβησόμενον, ἀδιάφορον, καὶ οὐδὲν πρὸς σέ· ὁποῖον δ' ἂν ᾖ, ἔσται αὐτῷ χρήσασθαι καλῶς, καὶ τοῦτο οὐδεὶς κωλύσει. Θαῤῥῶν οὖν, ὡς ἐπὶ συμβούλους ἔρχου τοὺς θεούς². Καὶ λοιπόν, ὅταν τί σοι συμβουλευθῇ, μέμνησο τίνας συμβούλους παρέλαβες, καὶ τίνων παρακούσεις ἀπειθήσας.

3. Ἔρχου δὲ ἐπὶ τὸ μαντεύεσθαι, καθάπερ ἠξίου Σωκράτης, ἐφ' ὧν ἡ πᾶσα σκέψις τὴν ἀναφορὰν εἰς τὴν ἔκβασιν ἔχει, καὶ οὔτε ἐκ λόγου, οὔτε ἐκ τέχνης τινὸς ἄλλης ἀφορμαὶ δίδονται πρὸς τὸ συνιδεῖν τὸ προκείμενον. Ὥστε, ὅταν δεήσῃ συγκινδυνεῦσαι φίλῳ ἢ πατρίδι, μὴ μαντεύεσθαι, εἰ συγκινδυνευτέον. Καὶ γάρ, ἂν προείπῃ σοι ὁ μάντις φαῦλα γεγονέναι τὰ ἱερά, δῆλον, ὅτι θάνατος σημαίνεται, ἢ πήρωσις μέρους τινὸς τοῦ σώματος, ἢ φυγή· ἀλλ' αἱρεῖ ὁ λόγος, καὶ σὺν τούτοις παρίστασθαι τῷ φίλῳ, καὶ τῇ πατρίδι συγκινδυνεύειν³. Τοιγαροῦν τῷ μείζονι μάντει πρόσεχε, τῷ Πυθίῳ, ὃς ἐξέβαλε τοῦ ναοῦ τὸν οὐ βοηθήσαντα ἀναιρουμένῳ τῷ φίλῳ.

XXXIII.

1. Τάξον τινὰ ἤδη χαρακτῆρα σαυτῷ καὶ τύπον, ὃν φυλάξεις ἐπί τε σεαυτοῦ ὤν, καὶ ἀνθρώποις ἐντυγχάνων.

---

1. Voyez page 18, note 2.
2. Sans plus s'expliquer, Épictète croit donc que les devins sont inspirés par les dieux eux-mêmes.

XXXII.

1. Quand tu vas au devin[1], tu ignores encore ce qui doit t'arriver : car tu vas précisément pour que le devin te l'apprenne. Mais tu l'aurais su avant d'y aller si tu étais philosophe. Car si c'est quelqu'une de ces choses qui ne dépendent pas de nous, il est certain que ce ne peut être pour toi ni un bien ni un mal.

2. N'apporte donc chez le devin aucun désir, aucune aversion, aucune frayeur. Approche en homme convaincu que tout ce qui doit arriver lui est indifférent, ne le regarde pas, et dis-toi : « Quelle que soit la chose qui m'arrive, je puis la tourner à bien, et nul ne saurait m'en empêcher. » Va donc avec confiance demander les conseils des dieux[2]. Quand ils auront prononcé, rappelle-toi quels conseillers tu as pris et quels sont ceux dont tu mépriserais la sagesse, s'il t'arrivait de ne pas leur obéir.

3. Mais si tu consultes l'oracle, que ce soit selon le précepte de Socrate, c'est-à-dire uniquement sur les choses dont l'issue dépend du hasard, et sur lesquelles ni le raisonnement ni aucun art ne peut nous édifier. Ainsi donc, quand il s'agit de partager le péril d'un ami ou celui de la patrie, ne va pas demander au devin si tu dois affronter le péril : car si le devin t'avertit que les présages sont mauvais, il est évident qu'il t'annonce par là ou la mort ou la perte d'un membre ou l'exil. Et cependant, la raison prononce que, nonobstant tout présage, tu dois secourir tes amis et partager le péril de la patrie[3]. En un mot, crois-en un devin plus grand que celui qui te parle, Apollon Pythien : il chassa de son temple celui qui, voyant égorger son ami, ne lui avait pas porté secours.

XXXIII.

1. Forme-toi dès à présent un modèle et comme un type auquel tu te conformeras, soit que tu restes seul avec toi-même, soit que tu te rencontres avec les hommes.

---

3. Homère faisait déjà dire à Hector : « Le vrai présage est celui qui ordonne de combattre pour sa patrie. »

2. Καὶ σιωπὴ τὸ πολὺ ἔστω· ἢ λαλείσθω τὰ ἀναγκαῖα, καὶ δι' ὀλίγων. Σπανίως δέ ποτε, καιροῦ παρακαλοῦντος ἐπὶ τὸ λέγειν, λέξον μὲν, ἀλλὰ περὶ οὐδενὸς τῶν τυχόντων· μὴ περὶ μονομαχιῶν, μὴ περὶ ἱπποδρομιῶν, μὴ περὶ ἀθλητῶν, μὴ περὶ βρωμάτων ἢ πομάτων, τῶν ἐπιτυχοῦ· μάλιστα δὲ μὴ περὶ ἀνθρώπων, ψέγων, ἢ ἐπαινῶν, ἢ συγκρινῶν.

3. Ἂν μὲν οὖν οἷός τε ᾖς, μετάγαγε τοῖς σοῖς λόγοις καὶ τοὺς τῶν συνόντων ἐπὶ τὸ προσῆκον. Εἰ δὲ ἐν ἀλλοφύλοις ἀποληφθεὶς τύχοις, σιώπα.

4. Γέλως μὴ πολὺς ἔστω, μηδὲ ἐπὶ πολλοῖς, μηδὲ ἀνειμένος.

5. Ὅρκον παραίτησαι, εἰ μὲν οἷόν τε, εἰς ἅπαν· εἰ δὲ μή, ἐκ τῶν ἐνόντων.

6. Ἑστιάσεις τὰς ἔξω καὶ ἰδιωτικὰς διακρούου. Ἐὰν δέ ποτε γίνηται καιρός, ἐντετάσθω σοι ἡ προσοχή, μήποτε ἄρα ὑπορρυῇς εἰς ἰδιωτισμόν. Ἴσθι γάρ, ὅτι, ἐὰν ὁ ἑταῖρος ᾖ μεμολυσμένος, καὶ τὸν συγκατατριβόμενον αὐτῷ συμμολύνεσθαι ἀνάγκη, κἂν αὐτὸς ὢν τύχῃ καθαρός.

7. Τὰ περὶ τὸ σῶμα μέχρι τῆς χρείας ψιλῆς παραλάμβανε· οἷον, τροφάς, πόμα, ἀμπεχόνην, οἰκίαν, οἰκετίαν. Τὸ δὲ πρὸς δόξαν, ἢ τρυφὴν ἅπαν περίγραφε.

8. Περὶ ἀφροδίσια εἰς δύναμιν πρὸ γάμου καθαρευτέον· ἁπτομένῳ δέ, ὧν νόμιμόν ἐστι, μεταληπτέον, μὴ μέντοι ἐπαχθὴς γίνου τοῖς χρωμένοις, μηδὲ ἐλεγκτικός· μηδὲ πολλαχοῦ τό, ὅτι αὐτὸς οὐ χρῇ, παράφερε.

9. Ἐάν τίς σοι ἀπαγγείλῃ, ὅτι ὁ δεῖνά σε κακῶς λέγει, μὴ ἀπολογοῦ πρὸς τὰ λεχθέντα· ἀλλ' ἀποκρίνου, διότι, Ἠγνόει γὰρ τὰ ἄλλα τὰ προσόντα μοι κακά, ἐπεὶ οὐκ ἂν ταῦτα μόνα ἔλεγεν.

10. Εἰς τὰ θέατρα τὸ πολὺ παριέναι οὐκ ἀναγκαῖον. Εἰ δέ ποτε καιρὸς εἴη, μηδενὶ σπουδάζων φαίνου ἢ σεαυτῷ·

2. Et d'abord garde le silence le plus possible, ne dis que les choses nécessaires et en peu de mots. De temps à autre, sans doute, une occasion peut t'amener à parler davantage : parle donc alors, mais que ce ne soit pas sur le premier objet venu ; que ce ne soit ni sur les combats de gladiateurs, ni sur les jeux du cirque, ni sur les athlètes, ni sur le boire ou le manger ; que surtout ce ne soit pas pour t'occuper d'autrui, pour louer celui-ci, blâmer celui-là et comparer l'un avec l'autre.

3. Si tu le peux, tâche par tes propres discours d'amener la conversation sur des objets convenables ; mais si tes paroles doivent être perdues dans celles des autres, tais-toi.

4. Ne ris ni longtemps, ni souvent, ni haut.

5. Ne jure jamais, s'il se peut ; et si tu es obligé de le faire, que ce soit le moins souvent possible.

6. Évite d'aller loin de chez toi partager les festins du vulgaire. Si cependant une occasion t'y pousse, surveille-toi bien toi-même, de peur de te laisser aller à des manières communes. Sache, en effet, que si ton voisin se salit dans la débauche, tu ne pourras éviter de te salir toi-même dans ton commerce avec lui, si pure que ta conduite ait pu être jusqu'alors.

7. Pour tout ce qui regarde le corps, qu'il s'agisse du boire ou du manger, de l'habitation, de l'habillement, des domestiques, fais le strict nécessaire ; retranche complètement tout ce qui ne sert qu'à l'ostentation ou à la sensualité.

8. Épargne tes offenses et tes reproches à ceux qui ne s'abstiennent pas des plaisirs coupables, et ne va pas te vanter à tout le monde de ta vertu.

9. Si l'on t'annonce que quelqu'un a dit du mal de toi, n'entreprends pas de te défendre ; mais réponds : « S'il avait connu tous mes autres défauts, il en aurait dit bien davantage. »

10. Il n'est point nécessaire de paraître souvent dans les théâtres ; mais si quelque occasion t'y amène, montre que tu n'as attention à rien qu'à toi-même. Autrement dit, ne souhaite de voir arriver que ce qui arrive, de ne voir

τοῦτ' ἔστι, θέλε γίνεσθαι μόνα τὰ γινόμενα, καὶ νικᾶν μόνον τὸν νικῶντα¹. Οὕτω γὰρ οὐκ ἐμποδισθήσῃ. Βοῆς δὲ, καὶ τοῦ ἐπιγελᾷν τινι, ἢ ἐπιπολὺ συγκινεῖσθαι, παντελῶς ἀπέχου. Καὶ μετὰ τὸ ἀπαλλαγῆναι μὴ πολλὰ περὶ τῶν γεγενημένων διαλέγου, ὅσα μὴ φέρει πρὸς τὴν σὴν ἐπανόρθωσιν. Ἐμφαίνεται γὰρ ἐκ τοῦ τοιούτου, ὅτι ἐθαύμασας τὴν θέαν.

11. Εἰς ἀκροάσεις τινῶν μὴ εἰκῆ μηδὲ ῥᾳδίως πάριθι. Παριὼν δὲ, τὸ σεμνὸν καὶ τὸ εὐσταθὲς καὶ ἅμα ἀνεπαχθὲς φύλασσε.

12. Ὅταν τινὶ μέλλῃς συμβαλεῖν, μάλιστα τῶν ἐν ὑπεροχῇ δοκούντων, πρόβαλε σαυτῷ, τί ἂν ἐποίησεν ἐν τούτῳ Σωκράτης ἢ Ζήνων. Καὶ οὐκ ἀπορήσεις τοῦ χρήσασθαι προσηκόντως τῷ ἐμπεσόντι.

13. Ὅταν φοιτᾷς πρός τινα τῶν μέγα δυναμένων, πρόβαλε, ὅτι οὐχ εὑρήσεις αὐτὸν ἔνδον, ὅτι ἀποκλεισθήσῃ, ὅτι ἐντιναχθήσονταί σοι αἱ θύραι, ὅτι οὐ φροντιεῖ σου. Κἂν σὺν τούτοις ἐλθεῖν καθήκῃ, ἐλθὼν φέρε τὰ γινόμενα, καὶ μηδέποτε εἴπῃς αὐτὸς πρὸς ἑαυτὸν, ὅτι, Οὐκ ἦν τοσούτου. Ἰδιωτικὸν γὰρ, καὶ διαβεβλημένον πρὸς τὰ ἐκτός.

14. Ἐν ταῖς ὁμιλίαις ἀπέστω τὸ ἑαυτοῦ τινῶν ἔργων ἢ κινδύνων ἐπὶ πολὺ καὶ ἀμέτρως μεμνῆσθαι. Οὐ γὰρ, ὡς σοὶ ἡδύ ἐστι τὸ τῶν σῶν κινδύνων μεμνῆσθαι, οὕτω καὶ τοῖς ἄλλοις ἡδύ ἐστι τὸ τῶν σοὶ συμβεβηκότων ἀκούειν.

15. Ἀπέστω δὲ καὶ τὸ γέλωτα κινεῖν. Ὀλισθηρὸς γὰρ ὁ τρόπος εἰς ἰδιωτισμὸν, καὶ ἅμα ἱκανὸς τὴν αἰδῶ τὴν πρὸς σὲ τῶν πλησίον ἀνιέναι.

16. Ἐπισφαλὲς δὲ καὶ τὸ εἰς αἰσχρολογίαν προελθεῖν. Ὅταν οὖν τι συμβῇ τοιοῦτον, ἂν μὲν εὔκαιρον ᾖ, καὶ ἐπί-

---

1. Le théâtre n'est-il pas donné comme une image de la vie? Il le semble bien. Alors, dans la société, dans l'État, dans l'histoire, devons-nous penser de même et vouloir de même, c'est-à-dire condamner tous les vaincus, absoudre et justifier tous les

vainqueurs que ceux qui sont vainqueurs en effet[1]. Et ainsi rien ne te troublera. Surtout, abstiens-toi complètement des acclamations, des éclats de rire et de toute espèce de transport. Après avoir quitté le théâtre, ne te répands pas en discours sur ce que tu as vu, racontant des choses qui n'ont servi de rien pour te rendre meilleur. Ne fais pas voir aux autres que tu as de l'admiration pour un spectacle.

11. Ne sois ni prompt ni facile à te rendre aux lectures publiques. Si tu y vas, sois-y grave et calme et ne fais point mauvais visage.

12. Si tu as une affaire à traiter avec quelqu'un, avec un homme éminent surtout, rappelle-toi ce qu'aurait fait à ta place Socrate ou Zénon ; et tu ne seras point embarrassé pour faire ce qu'exigeront les circonstances.

13. Quand tu vas chez un homme puissant, mets-toi dans l'esprit que peut-être tu ne le rencontreras pas, ou que tu trouveras sa porte close, ou qu'on refermera la porte sur toi, ou qu'il ne te recevra qu'avec mépris. Si cependant ton devoir t'oblige d'y aller, vas-y et supporte ce qui t'arrivera et ne dis pas en toi-même : « Ce n'était guère la peine d'en affronter autant. » Ce propos est d'un homme vulgaire, d'un homme trop sensible aux choses extérieures.

14. Dans tes conversations, ne parle pas complaisamment et à tout propos des actions que tu as faites et des dangers que tu as courus ; car si tu prends plaisir à les raconter, ne crois pas qu'il soit également agréable aux autres de les entendre.

15. Garde-toi bien aussi de chercher à faire rire. C'est une pente glissante par où l'on tombe aisément dans une vulgarité qui nous enlève le respect d'autrui.

16. Il est encore périlleux de se laisser aller aux propos obcènes. Si tu tombes sur un parleur de cette espèce, et que l'occasion soit favorable, reprends-le vivement. Sinon, que

---

vainqueurs...? Il semble encore assez clairement que ce soit là la pensée du stoïcisme. Il faut cependant ajouter que le stoïcien a plus d'indifférence que de sympathie pour ceux que la fortune a servis.

πληξον τῷ προελθόντι· εἰ δὲ μὴ, τῷ γε ἀποσιωπῆσαι, καὶ ἐρυθριᾶσαι, καὶ σκυθρωπάσαι δῆλος γίνου δυςχεραίνων τῷ λόγῳ.

XXXIV.

Ὅταν ἡδονῆς τινος φαντασίαν λάβῃς, καθάπερ ἐπὶ τῶν ἄλλων, φύλασσε σαυτὸν, μὴ συναρπασθῇς ὑπ' αὐτῆς· ἀλλ' ἐκδεξάσθω σε τὸ πρᾶγμα, καὶ ἀναβολήν τινα παρὰ σεαυτοῦ λάβε. Ἔπειτα μνήσθητι ἀμφοτέρων τῶν χρόνων· καθ' ὅν τε ἀπολαύσεις τῆς ἡδονῆς, καὶ καθ' ὅν, ἀπολαύσας, ὕστερον μετανοήσεις, καὶ αὐτὸς σεαυτῷ λοιδορήσῃ· καὶ τούτοις ἀντίθες, ὅπως ἀποσχόμενος χαιρήσεις, καὶ ἐπαινέσεις αὐτὸς σεαυτόν. Ἐὰν δέ σοι καιρὸς φανῇ ἅψασθαι τοῦ ἔργου, πρόςεχε, μὴ ἡττήσῃ σε τὸ προσηνὲς αὐτοῦ καὶ ἡδὺ καὶ ἐπαγωγόν· ἀλλ' ἀντιτίθει, πόσῳ ἄμεινον τὸ συνειδέναι σεαυτῷ ταύτην τὴν νίκην νενικηκότι.

XXXV.

Ὅταν τι, διαγνοὺς ὅτι ποιητέον ἐστὶ, ποιῇς, μηδέποτε φύγῃς ὀφθῆναι πράσσων αὐτό, κἂν ἀλλοῖόν τι μέλλωσιν οἱ πολλοὶ περὶ αὐτοῦ ὑπολαμβάνειν. Εἰ μὲν γὰρ οὐκ ὀρθῶς ποιεῖς, αὐτὸ τὸ ἔργον φεῦγε. Εἰ δὲ ὀρθῶς, τί φοβῇ τοὺς ἐπιπλήξοντας οὐκ ὀρθῶς[1];

XXXVI.

Ὡς τὸ, Ἡμέρα ἐστι, καὶ, Νὺξ ἐστι, πρὸς μὲν τὸ διεζευγμένον[2] μεγάλην ἔχει ἀξίαν, πρὸς δὲ τὸ συμπεπλεγ-

---

1. Cette maxime a été poussée à ses dernières conséquences par les philosophes cyniques.
2. Dans ceux où deux propositions étant posées, l'affirmation

du moins ton silence, la rougeur de ton front et la sévérité de ton visage lui montrent bien avec quelle peine tu souffres ses discours.

XXXIV.

Si quelque idée voluptueuse s'empare de ton imagination, observe-toi comme en toute chose, et ne te laisse pas entraîner. Fais attendre ton désir, prends quelque délai, compare ensuite dans ta pensée les instants : l'instant où tu goûteras la jouissance et l'instant où la jouissance épuisée fera place aux regrets et aux remords. A ces derniers oppose les joies et les satisfactions intérieures qui récompenseront ta résistance. Si les circonstances sont telles que tu crois devoir te décider, prends garde de te laisser vaincre par les douceurs et les attraits du plaisir ; oppose-leur la joie bien autrement grande de pouvoir se rendre à soi-même le témoignage qu'on a remporté la plus difficile des victoires.

XXXV.

Quand, ayant reconnu que tu devais faire une chose, tu la fais, ne cherche pas à te cacher, alors même que la foule devrait mal juger ton action. En effet, si cette action est mauvaise, ne la fais pas ; si elle est bonne, pourquoi crains-tu ceux qui se mettront dans leur tort en la blâmant[1] ?

XXXVI.

De même que ces propositions : « Il est jour, il est nuit, » ont une valeur démonstrative dans les syllogismes disjonctifs[2],

---

de la première entraîne la négation de la seconde, et réciproquement la négation de la première entraîne l'affirmation de la seconde; par exemple : ou il est jour, ou il est nuit. Si l'on pose qu'il est jour, on pose par cela même qu'il n'est pas nuit, et réciproquement.

μένον· ἀπαξίαν· οὕτω καὶ τὸ τὴν μείζω μερίδα ἐκλέξασθαι, πρὸς μὲν τὸ σῶμα ἐχέτω ἀξίαν, πρὸς δὲ τὸ, τὸ κοινωνικὸν ἐν ἑστιάσει, οἷον δεῖ, [f. αἰδοῖ] φυλάξαι, ἀπαξίαν ἔχει². Ὅταν οὖν συνεσθίῃς ἑτέρῳ, μέμνησο, μὴ μόνον τὴν πρὸς τὸ σῶμα ἀξίαν τῶν παρακειμένων ὁρᾷν, ἀλλὰ καὶ τὴν πρὸς ἑστιάτορα αἰδῶ φυλάξαι [alii vulgo: ἀλλὰ καὶ τὴν πρὸς τὸν ἑστιάτορα οἵαν δεῖ φυλαχθῆναι.]

XXXVII.

Ἐὰν ὑπὲρ δύναμιν ἀναλάβῃς τι πρόσωπον, καὶ ἐν τούτῳ ἠσχημόνησας, καὶ, ὃ ἠδύνασο ἐκπληρῶσαι, παρέλιπες.

XXXVIII.

Ἐν τῷ περιπατεῖν καθάπερ προσέχεις, μὴ ἐπιβῇς ἥλῳ, ἢ στρέψῃς τὸν πόδα σου· οὕτω πρόσεχε, μὴ καὶ τὸ ἡγεμονικὸν βλάψῃς τὸ σεαυτοῦ. Καὶ τοῦτο ἐὰν ἐφ' ἑκάστου ἔργου παραφυλάσσωμεν, ἀσφαλέστερον ἁψόμεθα τοῦ ἔργου.

XXXIX.

Μέτρον κτήσεως τὸ σῶμα ἑκάστῳ, ὡς ὁ ποὺς ὑποδήματος. Ἐὰν μὲν οὖν ἐπὶ τούτου στῇς, φυλάξεις τὸ μέτρον. Ἐὰν δὲ ὑπερβῇς, ὡς κατὰ κρημνοῦ λοιπὸν ἀνάγκη φέρεσθαι. Καθάπερ καὶ ἐπὶ τοῦ ὑποδήματος· ἐὰν ὑπὲρ τὸν πόδα ὑπερβῇς, γίνεται κατάχρυσον ὑπόδημα, εἶτα πορφυροῦν, εἶτα κεντητόν. Τοῦ γὰρ ἅπαξ ὑπὲρ τὸ μέτρον, ὅρος οὐθείς ἐστιν.

---

1. Dans ceux où l'affirmation de la première proposition entraîne l'affirmation de la seconde, la négation de la première la négation de la seconde. Par exemple, on pourra poser : S'il est jour, il n'est pas nuit. Établir la première proposition, c'est établir la seconde; nier la première, c'est nier la seconde. Mais on

mais n'en ont plus aucune dans les syllogismes conjonctifs[1]; ainsi, dans un festin, celui qui s'attribue la meilleure part agit certainement dans l'intérêt de son corps, mais il agit certainement mal au point de vue de l'égalité et de la retenue qui doivent régner dans un festin[2]. Lors donc que tu es dans un festin, souviens-toi que tu dois songer non seulement à l'envie que ton corps éprouve pour les mets placés devant toi, mais encore aux égards auxquels tu es tenu envers ton hôte.

XXXVII.

Si tu prends un rôle au-dessus de tes forces, tu le joues mal, et tu laisses de côté celui que tu pouvais bien remplir.

XXXVIII.

En te promenant, tu évites de marcher sur un clou et de prendre une entorse. Sois donc aussi bien attentif à ne pas blesser ta raison, la directrice de toi-même. En tout ce que tu feras, observe ce précepte, et tu réussiras plus sûrement.

XXXIX.

C'est sur les besoins du corps que doivent se mesurer les dépenses, comme sur le pied la chaussure. Tiens-t'en là, et tu garderas la mesure vraie. Si tu vas au delà, tu seras nécessairement entraîné comme sur la pente d'une rive escarpée. Ainsi pour la chaussure : si tu ne t'en tiens pas à ce qui est nécessaire à ton pied, tu prendras d'abord le soulier doré, puis le soulier de pourpre, puis le soulier brodé : car pour celui qui a une fois dépassé la mesure, il n'est plus de limites.

---

ne pourra pas poser comme liées, de telle sorte que l'une doive entraîner l'autre, ces deux propositions : Il fait jour, il fait nuit.

2. Car il ne peut à la fois et satisfaire son appétit sans se préoccuper des autres et se bien comporter à l'égard des autres, pas plus qu'il ne peut dire à la fois qu'il fait jour et qu'il fait nuit.

XL.

Προσέχειν οὖν ἄξιον, ἵνα αἴσθωνται, διότι ἐπ' οὐδενὶ ἄλλῳ τιμῶνται, ἢ τῷ κόσμιοι φαίνεσθαι καὶ αἰδήμονες.

XLI.

Ἀφυΐας σημεῖον, τὸ ἐνδιατρίβειν τοῖς περὶ τὸ σῶμα· οἷον, ἐπὶ πολὺ γυμνάζεσθαι, ἐπὶ πολὺ ἐσθίειν, ἐπὶ πολὺ πίνειν, ἐπὶ πολὺ ἀποπατεῖν, ὀχεύειν. Ἀλλὰ ταῦτα μὲν ἐν παρέργῳ ποιητέον· περὶ δὲ τὴν γνώμην ἡ πᾶσα ἔστω ἐπιστροφή.

XLII.

Ὅταν σέ τις κακῶς ποιῇ, ἢ κακῶς λέγῃ, μέμνησο, ὅτι καθήκειν αὐτῷ οἰόμενος ποιεῖ ἢ λέγει. Οὐχ οἷόν τε οὖν, ἀκολουθεῖν τῷ σοὶ φαινομένῳ, ἀλλὰ τῷ ἑαυτῷ, ὥστε, εἰ κακῶς αὐτῷ φαίνεται, ἐκεῖνος βλάπτεται, ὅστις καὶ ἐξηπάτηται. Καὶ γὰρ τὸ ἀληθὲς συμπεπλεγμένον ἄν τις ὑπολάβῃ ψεῦδος, οὐ τὸ συμπεπλεγμένον βλάπτεται, ἀλλ' ὁ ἐξαπατηθείς. Ἀπὸ τούτων οὖν ὁρμώμενος, πράως ἕξεις πρὸς τὸν λοιδοροῦντα. Ἐπιφθέγγου γὰρ ἐφ' ἑκάστῳ, ὅτι, Ἔδοξεν αὐτῷ.

XLIII.

Πᾶν πρᾶγμα δύο ἔχει λαβάς, τὴν μὲν φορητήν, τὴν δὲ ἀφόρητον. Ὁ ἀδελφὸς ἐὰν ἀδικῇ, ἐντεῦθεν αὐτὸ μὴ λάμβανε, ὅτι ἀδικεῖ· αὕτη γὰρ ἡ λαβή ἐστιν αὐτοῦ οὐ φορητή. Ἀλλὰ ἐκεῖθεν μᾶλλον, ὅτι ἀδελφός, ὅτι σύντροφος· καὶ λήψῃ αὐτὸ καθ' ὃ φορητόν.

XL.

Il serait important de bien faire comprendre aux femmes qu'elles ne peuvent être honorées qu'en laissant paraître leur modestie et leur pudeur.

XLI.

C'est le signe d'une faiblesse d'esprit naturelle que de s'occuper longtemps des choses du corps, telles que les soins de propreté, les exercices, de manger beaucoup, de boire beaucoup, enfin, de donner beaucoup de temps à quelque misère corporelle que ce soit. Tout cela se doit faire à la dérobée : c'est vers notre pensée que se doivent tourner tous nos soins.

XLII.

Si un homme te fait du tort en paroles ou en action, souviens-toi qu'il se juge en droit de parler ou d'agir comme il le fait. Or, tu ne peux pas lui demander de suivre ton idée plutôt que la sienne. Si son idée n'est pas juste, il se porte donc tort à lui-même en se trompant. Ainsi, quand quelqu'un trouve faux un syllogisme qui est bon, ce n'est pas le syllogisme qui en souffre, c'est celui qui l'a mal compris. Pars de ces principes, et tu supporteras aisément ceux qui parleront mal de toi. A chaque propos qu'on aura tenu sur ton compte, tu diras : « Cet homme croit avoir raison. »

XLIII.

Chaque chose a deux anses : l'une par laquelle elle est facile, l'autre par laquelle elle est difficile à porter. Ton frère t'a fait une injustice : ne considère pas l'injustice : ce serait prendre la chose par la mauvaise anse. Songe plutôt que c'est ton frère, que vous avez été élevés ensemble : prise par là, la chose te semblera supportable.

XLIV.

Οὗτοι οἱ λόγοι ἀσύνακτοι · Ἐγώ σου πλουσιώτερός εἰμι, ἐγώ σοῦ ἄρα κρείσσων · ἐγώ σου λογιώτερος, ἐγώ σου ἄρα κρείσσων. Ἐκεῖνοι δὲ μᾶλλον συνακτικοί · Ἐγώ σου πλουσιώτερός εἰμι, ἡ ἐμὴ ἄρα κτῆσις τῆς σῆς κρείσσων· ἐγώ σου λογιώτερος, ἡ ἐμὴ ἄρα λέξις τῆς σῆς κρείσσων. Σὺ δέ γε οὔτε κτῆσις εἶ, οὔτε λέξις.

XLV.

Λούεταί τις ταχέως; μὴ εἴπῃς, ὅτι, Κακῶς· ἀλλ᾽ ὅτι, Ταχέως. Πίνει τις πολὺν οἶνον; μὴ εἴπῃς, ὅτι, Κακῶς· ἀλλ᾽ ὅτι, Πολύν. Πρὶν γὰρ διαγνῶναι τὸ δόγμα, πόθεν οἶσθα, εἰ κακῶς¹; Οὕτως οὐ συμβήσεταί σοι, ἄλλων μὲν φαντασίας καταληπτικὰς λαμβάνειν, ἄλλοις δὲ συγκατατίθεσθαι.

XLVI.

1. Μηδαμοῦ σεαυτὸν εἴπῃς φιλόσοφον, μηδὲ λάλει τὸ πολὺ ἐν ἰδιώταις περὶ τῶν θεωρημάτων· ἀλλὰ ποίει τὸ ἀπὸ τῶν θεωρημάτων. Οἷον, ἐν συμποσίῳ μὴ λέγε, πῶς δεῖ ἐσθίειν· ἀλλ᾽ ἔσθιε, ὡς δεῖ. Μέμνησο γάρ, ὅτι οὕτως ἀφῄρήκει πανταχόθεν Σωκράτης τὸ ἐπιδεικτικόν, ὥστε ἤρχοντο πρὸς αὐτὸν βουλόμενοι φιλοσόφοις ὑπ᾽ αὐτοῦ συσταθῆναι, κἀκεῖνος ἀπῆγεν αὐτούς· οὕτως ἠνείχετο παρορώμενος².

2. Κἂν περὶ θεωρήματός τινος ἐν ἰδιώταις ἐμπίπτῃ λόγος,

---

1. « Ce qui est bien, c'est ce que l'on fait en pensant bien ; ce qui est mal, c'est ce que l'on fait en pensant mal. Tant que tu ne connais pas l'idée d'après laquelle quelqu'un fait une chose, ne blâme jamais son action. » (*Entretiens*, IV, 8.)

XLIV.

« Je suis plus riche que toi, donc je suis meilleur que toi ; je suis plus éloquent que toi, donc je suis meilleur que toi » ; ce ne sont pas là des raisonnements concluants. Pour raisonner juste, il faudrait dire : « Je suis plus riche que toi, donc mes richesses sont meilleures que les tiennes ; » ou : « Je suis plus éloquent que toi, donc ma parole est meilleure que la tienne. » Mais toi, tu n'es point richesse et tu n'es point discours.

XLV.

Un tel prend son bain précipitamment. Ne dis pas qu'il le prend mal ; dis qu'il le prend précipitamment. Un autre boit beaucoup. Ne dis pas qu'il boit trop ; dis simplement qu'il boit beaucoup : car si tu ne connais pas le fond de leur pensée, comment peux-tu savoir qu'ils font mal[1] ? Ne juge pas ainsi à la légère : tu ne risqueras pas de voir une chose et d'en croire une autre.

XLVI.

1. Ne va pas te proclamer partout philosophe, et ne parle pas à tout propos devant le vulgaire des principes de la philosophie ; mais conduis-toi selon ces principes. Ainsi, dans un festin, ne dis pas comment il faut manger, mais mange comme il convient. Rappelle-toi combien Socrate méprisait l'ostentation en toute chose, au point que si des jeunes gens le priaient de les recommander à quelques philosophes, il les conduisait lui-même, supportant de bonne grâce le peu de cas qu'on faisait de lui[2].

2. Si, au milieu de gens du commun, il est question de

---

2. Allusion au dialogue de Platon, le *Protagoras*, où Socrate conduit lui-même quelques-uns de ses jeunes amis chez les sophistes.

σιώπα τὸ πολύ. Μέγας γὰρ ὁ κίνδυνος, εὐθὺς ἐξεμέσαι ὃ οὐκ ἔπεψας¹. Καὶ ὅταν εἴπῃ σοί τις, ὅτι οὐδὲν οἶσθα, καὶ σὺ μὴ δηχθῇς, τότε ἴσθι, ὅτι ἀρχὴ τοῦ ἔργου. Ἐπεὶ καὶ τὰ πρόβατα οὐ χόρτον φέροντα ποιμέσιν ἐπιδεικνύει πόσον ἔφαγεν· ἀλλὰ, τὴν νομὴν ἔσω πέψαντα, ἔρια ἔξω φέρει καὶ γάλα. Καὶ σὺ τοίνυν μὴ τὰ θεωρήματα τοῖς ἰδιώταις ἐπιδείκνυε, ἀλλ' ἀπ' αὐτῶν πεφθέντων τὰ ἔργα.

XLVII.

Ὅταν εὐτελῶς ἡρμοσμένος ᾖς κατὰ τὸ σῶμα, μὴ καλλωπίζου ἐπὶ τούτῳ· μηδ', ἂν ὕδωρ πίῃς, ἐκ πάσης ἀφορμῆς λέγε, ὅτι ὕδωρ πίνεις. Κἂν ἀσκῆσαί ποτε πρὸς πόνον θέλῃς, σεαυτῷ, καὶ μὴ τοῖς ἔξω. Μὴ τοὺς ἀνδριάντας περιλάμβανε²· ἀλλὰ, διψῶν ποτε σφοδρῶς, ἐπίσπασαι ψυχροῦ ὕδατος, καὶ ἔκπτυσον, καὶ μηδενὶ εἴπῃς³.

XLVIII.

1. Ἰδιώτου στάσις καὶ χαρακτήρ· οὐδέποτε ἐξ ἑαυτοῦ προςδοκᾷ ὠφέλειαν ἢ βλάβην, ἀλλ' ἀπὸ τῶν ἔξω. Φιλοσόφου στάσις καὶ χαρακτήρ· πᾶσαν ὠφέλειαν καὶ βλάβην ἐξ ἑαυτοῦ προςδοκᾷ.

2. Σημεῖα προκόπτοντος· οὐδένα ψέγει, οὐδένα ἐπαινεῖ, οὐδένα μέμφεται, οὐδενὶ ἐγκαλεῖ, οὐδὲν περὶ ἑαυτοῦ λέγει, ὡς ὄντος τινὸς, ἢ εἰδότος τι. Ὅταν ἐμποδισθῇ τι, ἢ κωλυθῇ, ἑαυτῷ ἐγκαλεῖ. Κἄν τις αὐτὸν ἐπαινῇ, καταγελᾷ τοῦ ἐπαι-

---

1. C'est-à-dire que le principe n'ait pas été assez bien assimilé par toi et n'ait pas produit sur ton âme l'effet qu'un mets bien digéré produit sur ton corps. Prononcer des maximes dont on n'a pas su assez bien s'inspirer pour se rendre meilleur et croître dans la sagesse, c'est rejeter des aliments qu'on n'a pas eu la force de digérer.

quelque principe de sagesse, garde le silence le plus possible : car il y a danger que tu rejettes un mets mal digéré[1]. Si tu l'entends dire que tu ne sais rien, et que tu ne te sentes pas mordre par ce reproche, connais par là que tu commences à réussir. Quand les brebis ont mangé, elles ne vont pas montrer à leur berger l'herbe qu'elles ont prise ; mais, après avoir digéré leur pâture, elles produisent et elles montrent de la laine, du lait. Ainsi toi, n'étale pas de préceptes aux yeux des ignorants, mais montre-leur les effets que ces préceptes ont produits dans ta conduite.

XLVII.

Si tu sais te contenter de peu pour le soin de ton corps, n'en fais point parade ; si tu ne bois que de l'eau, ne t'en va pas dire en toute occasion que tu ne bois que de l'eau. Et si tu veux t'exercer à souffrir quoi que ce soit, fais-le pour toi, non pour les autres. Il est inutile d'aller embrasser les statues[2] ; mais si tu es tourmenté par une soif brûlante, prends dans ta bouche un peu d'eau fraîche, et rejette-la, et n'en dis rien à personne[3].

XLVIII.

1. État et caractère de l'homme du commun : il n'attend jamais ni son bien ni son mal de lui-même, mais des choses extérieures. État et caractère du philosophe : il n'attend son bien ou son mal que de lui-même.

2. Signes auxquels on reconnaît celui qui avance dans la sagesse : il ne blâme personne, il ne loue personne, il n'accuse personne, il ne parle pas de lui, il ne s'attribue ni importance ni science. Est-il dans l'embarras, il ne s'en prend qu'à lui-même. Si on le loue, il se moque à part lui

---

2. Sous-entendu par le froid. Allusion à quelque philosophe qui, pour prouver son mépris de la douleur, s'en allait, par le froid, embrasser les statues de marbre.

3. En somme, pourtant, Épictète veut qu'on prêche d'exemple. Il est difficile de garder la mesure entre l'exemple et l'ostentation. Aussi les cyniques ne l'ont-ils pas observée.

γοῦντος. Αὐτὸς παρ' ἑαυτῷ · κἂν ψέγῃ, οὐκ ἀπολογεῖται. Περίεισι δὲ, καθάπερ οἱ ἄῤῥωστοι, εὐλαδούμενός τι κινῆσαι τῶν καθισταμένων, πρὶν πῆξιν λαβεῖν.

3. Ὄρεξιν ἅπασαν ἦρκεν ἐξ ἑαυτοῦ · τὴν δ' ἔκκλισιν εἰς μόνα τὰ παρὰ φύσιν τῶν ἐφ' ἡμῖν μετατέθεικεν. Ὁρμῇ πρὸς ἅπαντα ἀνειμένῃ χρῆται. Ἂν ἠλίθιος, ἢ ἀμαθὴς δοκῇ, οὐ πεφρόντικεν. Ἑνί τε λόγῳ, ὡς ἐχθρὸν ἑαυτὸν παραφυλάσσει καὶ ἐπίβουλον.

XLIX.

Ὅταν τις ἐπὶ τῷ νοεῖν καὶ ἐξηγεῖσθαι δύνασθαι τὰ Χρυσίππου[1] βιβλία σεμνύνηται, λέγε αὐτὸς πρὸς ἑαυτόν, ὅτι, Εἰ μὴ Χρύσιππος ἀσαφῶς ἐγεγράφει, οὐδὲν ἂν εἶχεν οὗτος, ἐφ' ᾧ ἐσεμνύνετο. Ἐγὼ δὲ τί βούλομαι; καταμαθεῖν τὴν φύσιν, καὶ ταύτῃ ἕπεσθαι. Ζητῶ οὖν, τίς ἐστιν ὁ ἐξηγούμενος · καὶ ἀκούσας, ὅτι Χρύσιππος, ἔρχομαι πρὸς αὐτόν. Ἀλλ' οὐ νοῶ τὰ γεγραμμένα · ζητῶ οὖν τὸν ἐξηγούμενον. Καὶ μέχρι τούτων οὔπω σεμνὸν οὐδέν. Ὅταν δὲ εὕρω τὸν ἐξηγούμενον, ἀπολείπεται χρῆσθαι τοῖς παρηγγελμένοις · τοῦτο αὐτὸ μόνον σεμνόν ἐστιν. Ἂν δὲ αὐτὸ τοῦτο, τὸ ἐξηγεῖσθαι, θαυμάσω · τί ἄλλο ἢ γραμματικὸς ἀπετελέσθην ἀντὶ φιλοσόφου; πλήν γε δὴ, ὅτι ἀντὶ Ὁμήρου Χρύσιππον ἐξηγούμενος. Μᾶλλον οὖν, ὅταν τις εἴπῃ μοι, Ἀνάγνωθί μοι Χρύσιππον, ἐρυθριῶ, ὅταν μὴ δύνωμαι ὅμοια τὰ ἔργα καὶ σύμφωνα ἐπιδεικνύειν τοῖς λόγοις[2].

---

1. Chrysippe, philosophe stoïcien qui, après avoir été à l'école des académiciens et d'Arcésilas, les combattit vigoureusement et se fit le disciple de Zénon et de Cléanthe. Il devint même, après la mort de ce dernier, le chef du stoïcisme et passa, selon l'expression de Cicéron, pour la colonne du portique. Nul ne contribua plus que lui à établir l'ensemble des dogmes stoïciens; mais il nous est difficile de distinguer ce qui lui appartient en propre et ce que ses prédécesseurs avaient déjà enseigné avant lui. Nous savons cependant qu'il fit une plus grande place à la morale, et que, le premier, il lui donna le pas sur la physique.

2.

de son flatteur ; si on le blâme, il ne se justifie pas. Mais, comme les malades, il s'observe de tous côtés, craignant d'ébranler en lui ce qui commence à se remettre et de retarder sa guérison.

3. Il a enlevé de son cœur tout désir ; il n'a d'aversion que pour les choses contraires à la nature qui dépendent de nous. Il fait tout avec calme ; et s'il passe pour un homme de peu d'esprit ou de peu de science, il n'en a point souci. En un mot, il se considère comme son propre ennemi, et craint de se tendre des pièges à lui-même.

XLIX.

Si quelqu'un se glorifie d'entendre et d'expliquer les livres de Chrysippe[1], dis en toi-même : « Si Chrysippe n'avait pas écrit obscurément, cet homme n'aurait donc plus aucun sujet de se vanter ! mais pour moi, qu'est-ce que je veux ? Connaître la nature et la suivre. Je cherche donc quelqu'un qui me l'interprète : on me dit que ce quelqu'un c'est Chrysippe, je vais à lui. Mais je ne comprends pas ses écrits : je cherche donc un commentateur. Jusqu'ici je ne vois rien d'extraordinaire. Mais quand j'ai trouvé mon interprète, il me reste à mettre à profit ce qu'il me révèle ; et c'est précisément là qu'est le grand point. Car si je me borne à admirer l'explication des livres de Chrysippe, alors, au lieu d'être philosophe, je suis grammairien, avec cette unique différence que j'explique Chrysippe au lieu d'Homère. Si donc quelqu'un vient me dire : Explique-moi Chrysippe, je serai bien plus honteux de ne pouvoir montrer des actions conformes aux paroles que je ferai connaître[2]. »

Il était célèbre dans toute l'antiquité par les subtilités de sa dialectique. Cicéron rapporte et discute (dans le *De Divinatione* et le *De Fato*) les laborieux arguments par lesquels il essaye de concilier le libre arbitre avec la nécessité, le destin et la divination. (Voir aussi le *De Natura Deorum*, I, 15, et Aulu-Gelle, iv. VI.) Chrysippe mourut à peu près 200 ans av. J. C.

2. Car, étant malade et ayant trouvé la vraie médecine et l'ayant comprise, je n'aurai pas su en user et me guérir. (*Commentaires de Simplicius.*)

L.

Ὅσα προτίθεται, τούτοις, ὡς νόμοις, ὡς ἀσεβήσων, ἂν παραβῇς, ἔμμενε. Ὅ τι δ' ἂν ἐρῇ τις περὶ σοῦ, μὴ ἐπιστρέφου· τοῦτο γὰρ οὐκ ἔτ' ἔστι σόν[1].

LI.

1. Εἰς ποῖον ἔτι χρόνον ἀναβάλλῃ τὸ τῶν βελτίστων ἀξιοῦν σεαυτόν, καὶ ἐν μηδενὶ παραβαίνειν τὸν διαιροῦντα λόγον; Παρείληφας τὰ θεωρήματα, οἷς ἔδει σε συμβάλλειν, καὶ συμβέβληκας. Ποῖον οὖν ἔτι διδάσκαλον προσδοκᾷς, ἵνα εἰς ἐκεῖνον ὑπερθῇ τὴν ἐπανόρθωσιν ποιῆσαι τὴν σεαυτοῦ; Οὐκ ἔτι εἶ μειράκιον, ἀλλὰ ἀνὴρ ἤδη τέλειος. Ἂν νῦν ἀμελήσῃς καὶ ῥαθυμήσῃς, καὶ ἀεὶ προθέσει ἐκ προθέσεως ποιῇ, καὶ ἡμέρας ἄλλας ἐπ' ἄλλαις ὁρίζῃς, μεθ' ἃς προσέξεις σεαυτῷ, λήσεις σεαυτὸν οὐ προκόψας, ἀλλ' ἰδιώτης διατελέσεις καὶ ζῶν καὶ ἀποθνῄσκων.

2. Ἤδη οὖν ἀξίωσον σεαυτὸν βιοῦν ὡς τέλειον καὶ προκόπτοντα· καὶ πᾶν τὸ βέλτιστον φαινόμενον ἔστω σοι νόμος ἀπαράβατος. Κἂν ἐπίπονόν τι, ἢ ἡδύ, ἢ ἔνδοξον, ἢ ἄδοξον προσάγηται, μέμνησο, ὅτι νῦν ὁ ἀγών, καὶ ἤδη πάρεστι τὰ Ὀλύμπια, καὶ οὐκ ἔστιν ἀναβάλλεσθαι οὐκέτι· καὶ ὅτι παρὰ μίαν ἡμέραν καὶ ἓν πρᾶγμα καὶ ἀπόλλυται προκοπὴ καὶ σώζεται.

3. Σωκράτης οὕτως ἀπετελέσθη, ἐπὶ πάντων τῶν προσαγομένων αὐτῷ μηδενὶ ἄλλῳ προσέχων ἢ τῷ λόγῳ. Σὺ δέ, εἰ καὶ μήπω εἶ Σωκράτης, ὡς Σωκράτης γε εἶναι βουλόμενος ὀφείλεις βιοῦν.

LII.

1. Ὁ πρῶτος καὶ ἀναγκαιότατος τόπος ἐστὶν ἐν φιλοσοφίᾳ, ὁ τῆς χρήσεως τῶν θεωρημάτων· οἷον, τὸ μὴ ψεύ-

---

1. Allusion à la maxime pythagoricienne : une fois que tu es

L.

Demeure fidèle à ces préceptes et observe-les comme des lois que tu ne peux violer sans impiété ; et ne fais point attention à ce que l'on dit sur ton compte : car cela ne te regarde plus[1].

LI.

1. Différeras-tu donc longtemps encore d'entrer dans une si noble carrière et d'obéir en toute chose à la voix, pour toi désormais si claire, de la raison ? Tu viens d'écouter les maximes auxquelles tu devais ton assentiment, et cet assentiment, tu l'as donné. Quel nouveau maître attends-tu donc ? A quelles leçons ajournes-tu encore la réforme de ta vie ? Tu n'es plus un adolescent ; te voilà homme fait. Si tu persistes dans ta négligence et dans ton inaction, si tu ajoutes les délais aux délais, si tu remets de jour en jour le soin de te corriger, tu oublieras que tu es toujours dans le même état, tu vivras et tu mourras semblable au vulgaire.

2. Mets-toi donc enfin à vivre comme un homme, et comme un homme qui marche vers la perfection, et que la pratique de tout ce qui te semblera le meilleur soit pour toi désormais une inviolable loi. Que quelque peine ou quelque plaisir, que de la gloire ou de l'infamie s'offrent à toi, rappelle-toi que l'heure de la lutte a sonné, que la barrière d'Olympie s'ouvre devant toi, qu'il n'est plus temps de reculer ; un seul jour, une seule action va compromettre ou assurer les progrès à venir.

3. C'est ainsi que Socrate est devenu un sage accompli, n'écoutant jamais en quoi que ce soit une autre voix que celle de la raison. Quant à toi, si tu n'es pas encore Socrate, sois du moins un homme qui veut devenir un Socrate.

LII.

1. La première et la plus importante partie de la philosophie est celle qui traite des maximes à pratiquer, comme

---

entré dans le temple, ne regarde plus en arrière. (*Commentaires de Simplicius.*)

δεσθαι. Ὁ δεύτερος, ὁ τῶν ἀποδείξεων· οἷον, πόθεν ὅτι οὐ δεῖ ψεύδεσθαι; Τρίτος, ὁ αὐτῶν τούτων βεβαιωτικὸς καὶ διαρθρωτικός· οἷον, πόθεν ὅτι τοῦτο ἀπόδειξις; τί γάρ ἐστιν ἀπόδειξις; τί ἀκολουθία; τί μάχη; τί ἀληθές; τί ψεῦδος;

2. Οὐκοῦν ὁ μὲν τρίτος τόπος ἀναγκαῖος διὰ τὸν δεύτερον. Ὁ δὲ δεύτερος διὰ τὸν πρῶτον. Ὁ δὲ ἀναγκαιότατος, καὶ ὅπου ἀναπαύεσθαι δεῖ, ὁ πρῶτος. Ἡμεῖς δὲ ἔμπαλιν ποιοῦμεν. Ἐν γὰρ τῷ τρίτῳ τόπῳ διατρίβομεν, καὶ περὶ ἐκεῖνον ἔστιν ἡμῖν ἡ πᾶσα σπουδή· τοῦ δὲ πρώτου παντελῶς ἀμελοῦμεν. Τοιγαροῦν ψευδόμεθα μέν· πῶς δὲ ἀποδείκνυται, ὅτι οὐ δεῖ ψεύδεσθαι, πρόχειρον ἔχομεν.

LIII.

1. Ἐπὶ παντὸς πρόχειρα ἑκτέον ταῦτα·
Ἄγου δέ μ', ὦ Ζεῦ, καὶ σύ γ' ἡ Πεπρωμένη,
Ὅποι ποθ' ὑμῖν εἰμι διατεταγμένος.
Ὡς ἕψομαί γ' ἄοκνος· ἢν δέ γε μὴ θέλω,
Κακὸς γενόμενος, οὐδὲν ἧττον ἕψομαι[1].

2. Ὅστις δ' ἀνάγκῃ συγκεχώρηκεν καλῶς,
Σοφὸς παρ' ἡμῖν, καὶ τὰ θεῖ' ἐπίσταται[2].

3. Ἀλλ', ὦ Κρίτων, εἰ ταύτῃ τοῖς θεοῖς φίλον, ταύτῃ γενέσθω.

4. Ἐμὲ δὲ Ἄνυτος καὶ Μέλιτος ἀποκτεῖναι μὲν δύνανται, βλάψαι δὲ οὔ[3].

---

1. Maxime de Cléanthe. C'est la même pensée qu'a exprimée ce vers de Sénèque, si connu :

Fata volentem ducunt, nolentem trahunt.

Cléanthe, né à Assos, ville éolienne de l'Asie, fut d'abord athlète. Étant venu à Athènes, il fut disciple du philosophe cynique Cratès, mais le quitta ensuite pour s'attacher à Zénon, qui venait de fonder le stoïcisme. C'est ce même Cléanthe qui, la celle-ci : « On ne doit pas mentir. » La seconde a pour objet les démonstrations, par exemple les raisons pour lesquelles on ne doit pas mentir. La troisième confirme et éclaircit tout ce qui précède : car elle montre comment il y avait là une démonstration, ce que c'est qu'une démonstration, qu'une conséquence, qu'une opposition, ce que c'est que le vrai et le faux.

2. Cette troisième partie est donc assurément nécessaire à la seconde, et la seconde à la première. Mais la plus nécessaire de toutes, celle qui doit être le but suprême de nos études, c'est la première. Or, c'est l'ordre inverse que nous suivons. Nous nous arrêtons longuement dans la troisième partie, c'est à elle que nous consacrons tous nos soins, et nous négligeons complètement la première. Qu'en résulte-t-il ? Que nous mentons, mais que nous sommes toujours prêts à prouver par raisons démonstratives que l'on ne doit pas mentir.

LIII.

1. En toute circonstance, aie présentes à l'esprit ces paroles :

« Conduis-moi, ô Jupiter, et toi aussi, ô Destinée : partout où il est arrêté dans vos décrets que je dois aller, je vous suivrai sans hésiter : car, si je vous résistais, je ne pourrais néanmoins, malgré ma coupable volonté, faire autrement que de vous suivre[1]. »

2. « Celui qui a la vertu de céder à la nécessité, nous le tenons pour un sage. Il connaît les choses divines[2]. »

3. Et ceci encore :

« O Criton, si les dieux l'ont ainsi voulu, qu'il en soit ainsi ! ….

4. « …. Anytus et Mélitus peuvent me faire mourir, mais ils ne peuvent pas me nuire[3]. »

---

nuit, puisait de l'eau chez un jardinier pour gagner sa vie, et, le jour, étudiait. Il florissait vers l'an 260 av. J. C.; il se laissa, dit-on, mourir de faim à l'âge de quatre-vingt-dix-neuf ans. Diogène Laërce rapporte les titres de ses nombre   es, dont aucun ne nous est parvenu.

2. Traduction d'un passage d'Euripide.

3. Paroles de Socrate avant de mourir.

PARIS. — IMPRIMERIE DELALAIN
RUE SÉGUIER, 18.

On trouve à la même librairie

Cours de Philosophie, rédigé conformément au programme officiel des lycées, par *M. H. Joly*, doyen honoraire de la faculté des lettres de Dijon; 1 fort vol. in-12,   br. 5 f.

Études sur les Ouvrages philosophiques prescrits pour la Classe de Philosophie des lycées et les examens du baccalauréat, analyses, commentaires, appréciations, par *M. H. Joly*; 1 vol. in-12,   br. 3 f.

Discours de la Méthode, par *Descartes*, avec introduction, notes et appréciations critiques par *M. H. Joly*; in-12,   br. 1 f.

Principes de la Philosophie (livre Ier), par *Descartes*, *traduction française* de Picot, approuvée par Descartes, avec notes et appréciations critiques par *M. H. Joly*; in-12,   br. 1 f. 25 c.

Monadologie (la) par *Leibnis*, avec introduction, analyse développée et appréciations philosophiques et critiques par *Th. Desdouits*, professeur du lycée de Versailles; 1 vol. in-12,   br. 1 f. 25 c.

Traité des Devoirs (livre Ier), par *Cicéron*, traduction française, avec le *texte latin* en regard, avec analyse développée et appréciations critiques par *M. H. Joly*; 1 vol. in-12,   cart. 1 f. 25 c.

De la Nature des choses (livre V), par *Lucrèce*, texte latin, en regard de la *traduction française* avec introduction biographique, analyse et notes critiques par *M. E. Talbot*, professeur du lycée Condorcet; in-12,   cart. 1 f. 80 c.

Seize premières Lettres de Sénèque a Lucilius (les), traduction française en regard du *texte latin* : édition revue et précédée d'une introduction historique et critique par *M. H. Joly*; 2e édition; 1 vol. in-12,   cart. 1 f. 50 c.

Morale ou Éthique a Nicomaque (livre X), par *Aristote*, texte grec, en regard de la *traduction française*, avec introduction, analyse développée, notes et appréciations critiques par *M. Rossigneux*, professeur agrégé de philosophie au lycée de Nice; in-12,   cart. 1 f. 25 c.

République (la), (livre VI), par *Platon*, traduction française de *Grou*, avec le *texte grec* en regard, revue et corrigée, avec introduction, analyse développée et appréciations par *L. Carrau*, professeur adjoint de la faculté des lettres de Paris; in-12,   cart. 1 f. 50 c.

www.ingramcontent.com/pod-product-compliance
Lightning Source LLC
LaVergne TN
LVHW020942090426
835512LV00009B/1682